◎京师国际刑事法文库（49）

◎外国刑事法翻译系列之二十九

阿尔巴尼亚共和国刑法典

PENAL CODE OF REPUBLIC OF ALBANIA

陈志军　译

中国人民公安大学出版社

·北　京·

图书在版编目（CIP）数据

阿尔巴尼亚共和国刑法典/陈志军译．—北京：中国人民公安大学出版社，2011.4

（京师国际刑事法文库．外国刑事法翻译系列）

ISBN 978－7－5653－0375－3

Ⅰ．①阿… Ⅱ．①陈… Ⅲ．①刑法—法典—阿尔巴尼亚 Ⅳ．①D954.14

中国版本图书馆CIP数据核字（2011）第043253号

阿尔巴尼亚共和国刑法典

陈志军 译

出版发行：中国人民公安大学出版社
地　　址：北京市西城区木樨地南里
邮政编码：100038
经　　销：新华书店
印　　刷：北京兴华昌盛印刷有限公司

版　　次：2011年4月第1版
印　　次：2011年4月第1次
印　　张：5
开　　本：880毫米×1230毫米　1/32
字　　数：117千字

书　　号：ISBN 978－7－5653－0375－3
定　　价：20.00元

网　　址：www.cppsup.com.cn　www.porclub.com.cn
电子邮箱：zbs@cppsup.com　zbs@cppsu.edu.cn

营销中心电话：010－83903254
读者服务部电话（门市）：010－83903257
警官读者俱乐部电话（网购、邮购）：010－83903253
法律图书分社电话：010－83905745

北京师范大学刑事法律科学研究院
京师国际刑事法文库

总 序

20世纪70年代末80年代初以来，为顺应现代社会发展进步的历史潮流，在坚定不移地推行改革开放的基本国策之同时，中国政府尤为注重社会主义法治的建设与发展。随着立法日益健全，司法不断完善，法学欣欣向荣，国家和社会已经步入现代法治的轨道，从而有力地维护和推动了经济、政治、文化乃至整个社会全方位的发展与进步。在中国社会发展进步的历程中，社会主义法治系统必将发挥日益重要的作用。这一系统的发展完善离不开现代法学理论的引导和推动。因此，进一步重视法学研究，尤其是外向型、国际型法学研究，无疑具有长远的战略意义，刑法学领域亦然。

北京师范大学刑事法律科学研究院（以下简称刑科院）是北京师范大学重点建设的专门从事刑事法学研究的中国刑事法学领域首家且目前系唯一的具有独立性、实体性、综合性的新型学术研究机构和研究生培养单位。刑科院立足本国国情，在大力发展中国刑事法学研究的同时，专设国际刑法研究所暨外国刑法与比较刑法研究所，关注国际刑法、外国刑事法、比较刑事法的基础理论研究，并注重对当前国际刑事法理论与实务中热点、难点问题的研究。刑科院国际刑法学、外国刑事法、比较刑事法等外向型研究方面的研究力量，以本单位的教师和博士生为基本队伍，同时聘任、定向联系国内外一些著名大学和研究机构的知名刑事法及国际法专家学者、国际刑事审判机构的法官、联合国暨国际学术研究机构的知名学者。刑科院注重开拓的国际刑法学领域的学术研究范围主要包括：国际刑法的基础理论、国际犯罪、国际刑事审判、国际刑事司法协助与合作等。刑科院力图通过课题研究、学术研讨活动以及同国内外专家、学者和学术机构的学术交流与合作研究等多种渠道、多种形式，努力促进与繁荣我国外向型和国际型刑事法学研究，以适应国家在改革开放中加强刑事法制建设的需要。

“京师国际刑事法文库”，是以开拓和繁荣外向型、国际型刑事法学研究为主旨的一种学术载体形式，与北京师范大学刑事法律科学研究院的“京师刑事法文库”分工不同、相辅相成。本“文库”在广义上理解和包容国际刑事法，拟出版国内外专家学者在国际刑法、比较刑法、外国刑法、比较刑事诉讼法、外国刑事诉讼法等方面的科研成果，可以是专题研究、综合研究，可以是国外、境外法典、著作的译作或介述研究之作，还可以是国内外专家学者的合作研究项目。其中，研究性著作应具有较高的学术水平，译著、介述书籍和工具书、资料书等应具有重要的参考价值。

古人云：“合抱之木，生于毫末；九层之台，起于垒土；千里之行，始于足下。”聚沙成塔，集腋成裘。我们希望能通过以文库形式的逐步积累，为我国国际刑法学和其他外向型刑事法学的发展，为法治之昌盛和社会之进步，作出应有的贡献。

是为序。

北京师范大学刑事法律科学研究院

院长　赵秉志教授　谨识

2008 年 12 月修订

College for Criminal Law Science of Beijing Normal University

International Criminal Law Library of BNU

Preface

Since the late 1970s and early 1980s, Chinese government, to be in conformance with the trend of progressive development of modern society, has put a special emphasis on the construction and development of socialist legal system, besides firmly adhering to the principal national policy of reform and opening-up to the foreign countries. Along with the gradual perfection of legislation and judicial practice, legal science thrives and our country and society is stepping to the track of modern rule of law, which further forcefully safeguards and facilitates the development and progress of all fields such as economy, politics, culture and even the whole society. In the course of social development and progress in China, our socialist legal system will certainly play a more and more important role, which, however, is impossible without the legal theory to pilot and drive. In other words, it is of significance of long-term strategy to further reinforce legal science studies (including criminal jurisprudence studies), especially extrovert and international legal studies.

The College for Criminal LawScience of Beijing Normal University (hereinafter The College), founded in August of 2005, is the first and, at present, the only academic research organ in China specializing in criminal jurisprudence that is independent and comprehensive entity and undertakes the mission of educating postgraduates. Basing itself upon the situation of China, The College, in addition to fully developing the studies on Chinese criminal law, specially establishes the Institute for International Criminal Jurisprudence Studies, the Institute for Foreign Criminal Law and the Institute for Comparative Criminal Law, which focuses on constructing the basic theory of international criminal jurisprudence and researching the theoretic and practical hot-topics and difficulties in current international criminal law. The main force of international criminal jurisprudence staffed the College is the professors and doctorate candidates thereof, besides those who are invited as fellow researchers or fellow professors such as famous scholars and specialists engaging in criminal and international law, foreign criminal law and comparative criminal law from the prestigious universities and academic organizations home and abroad, judges from the international criminal judicial agencies and famous scholars from UN and international academic research organizations. With respect to the international criminal jurisprudence, the College opens the main academic fields for research including the basic theory of international criminal jurisprudence, international crimes, international criminal trial, and international judicial assistance in criminal matters ,and so on. The College seeks to facilitate and thrive studies on the extrovert and international criminal law through various channels and programs such as project researches, academic workshops, academic exchange and cooperation with domestic and foreign specialists, scholars and academic organs, so as to meet the requirements of strengthening criminal legal construction in the course of reform and opening up to the foreign countries. International Criminal Law Library of BNU, undertaking different missions from Criminal Jurisprudence Library of BNU but supplementing each other, seeks to exploit and deepen and thrive the academic researches on extrovert and international criminal jurisprudence. With a broad understanding and including of international criminal law, the library consists of the academic achievements by domestic and foreign specialists and scholars on international criminal law, comparative criminal law, foreign criminal law, comparative criminal procedure law and foreign criminal procedure law, which may be of either special topics or general topics in a rather profound academic level, or introduction or translations of foreign literatures and codifications with much value of references, or research projects co-operated by domestic and foreign specialists. As an ancient master said, " A huge tree grows from a tiny seedling; A nine-storey tower begins with a pile of earth; A thousand-li journey begins with the first step ." "Grains of sand piled up make a pagoda; The finest fragments of fox fur, sewn together, will make a robe." Through the program of library, we seek to accumulate academic fruits and develop the international criminal jurisprudence and other extrovert criminal jurisprudence, so as to make our contributions to the prosperity of rule of law and progress of the society.

Prof. Zhao Bingzhi
Dean of College for Criminal Law Science
Beijing Normal University
December 2008

译者序

阿尔巴尼亚位于东南欧巴尔干半岛西部，北部和东北部分别与塞尔维亚、黑山、马其顿接壤，南部与希腊为邻，西临亚得里亚海，隔奥特朗托海峡与意大利相望。阿尔巴尼亚人是巴尔干半岛上的古老居民伊利里亚人的后裔。公元9世纪以后，分别受到拜占庭帝国、保加利亚王国、塞尔维亚王国和威尼斯共和国的统治。1190年建立独立的封建制公国，1415年遭土耳其入侵，被土耳其统治近500年。到18世纪，在阿尔巴尼亚人聚居区周围逐渐形成了两个民族群体，并形成不同的书面语言，居住在什昆河南部的托斯卡人主要从事农业，由于地理和交通条件较好，所以经济文化较为发达。19世纪下半叶，阿尔巴尼亚的民族解放运动日渐高涨。1912年11月28日宣告独立。第一次世界大战期间，被奥匈、意、法等国军队占领，1920年阿尔巴尼亚再次宣告独立。1924年成立资产阶级政府，1925年成立共和国，1928年改行君主制，哈迈德·索古为国王，直至1939年4月意大利入侵。第二次世界大战期间，先后被意、德法西斯占领（1943年德国法西斯侵入）。1944年11月29日，阿尔巴尼亚全国人民在共产党的领导下进行的反法西斯民族解放战争夺取政权，并解放全国。1946年1月11日，阿尔巴尼亚人民共和国宣告成立。1976年修改宪法，改称为阿尔巴尼亚社会主义人民共和国。1990年，阿尔巴尼亚人民议会通过宪法修正案，确定阿尔巴尼亚是政治多元化的法治国家。1991年4月通过宪法修正案，改国名为阿尔巴尼亚共和国。阿尔巴尼亚作为东南欧的重要国家，目前的政策目标是加入欧盟。欧盟为此也给予了它很多援助，它正全力以赴在政治领域进行民主改革，以便尽快加入欧盟。2009年4月1日，阿尔巴尼亚正式加入北约。

阿尔巴尼亚在实行君主制时期的1929年就颁布了第一部刑法典，该部刑法典深受意大利刑法典的影响。阿尔巴尼亚人民共和国成立后，于1952年5月23日颁布了该国历史上的第二部刑法典（第1480号法律），从1952年9月1日起施行。[①] 该部刑法典深受前苏联的影响。1977年宪法施行后，随之于1977年6月15日制定了该国历史上第三部刑法典（第5591号法律），从1977年10月1日起施行。1995年1月27日，颁布了该国历史上的第四部刑法典（第7895号法律），从1995年6月1日起施行。1995年，刑法典经历了多次修改，至今仍在阿尔巴尼亚共和国施行，最近的一次是2008年11月27日第10023号法律所作的修正。现行的阿尔巴尼亚刑法典的主要内容有：

1. 刑法的渊源

阿尔巴尼亚的刑法立法包括刑法典和特别刑法。刑法典是刑法的主体，但也存在特别刑法以及不少存在于民事、经济、行政法律中的刑事责任条款。特别刑法主要有1995年9月28日第8003号法律颁布的《军事刑法典》和2007年6月14日第9754号法律颁布的《法人刑事责任法》。本书只对刑法典及其被修正部分和《法人刑事责任法》进行翻译。

① 法律出版社于1956年出版了全国人民代表大会常务委员会办公厅编译室翻译的《阿尔巴尼亚人民共和国刑法典》，就是1952年刑法典。

2. 刑法典的体系

阿尔巴尼亚刑法典分为总则和分则两部分。总则部分包括八章：第一章刑法及其适用范围，第二章刑事责任，第三章未遂，第四章共同犯罪，第五章刑罚，第六章量刑，第七章监禁的替代措施，第八章追诉时效、行刑时效和刑罚消灭。分则部分包括十一章：第一章反人类罪、第二章侵犯人身和生命罪、第三章侵犯财产和经济秩序罪、第四章危害环境罪、第五章危害独立和宪法秩序罪、第六章危害与外国关系罪、第七章恐怖主义行为罪、第八章危害国家权威罪、第九章妨害司法罪、第十章影响选举自由和选举民主制度罪、第十一章武装团伙和犯罪组织实施的犯罪。

3. 刑法的基本原则

阿尔巴尼亚刑法典第 1 条 C 规定了该刑法典的基本原则："刑法典的原则包括宪法所规定的法治原则、法律面前人人平等原则，以及公正地确定责任和刑罚原则、人道原则。"阿尔巴尼亚刑法典第 2 条进一步对法治原则在刑法中具体体现的罪刑法定原则作出了具体规定："除非法律在行为时已经明确地规定将某一行为构成犯罪或者违警罪，否则不能因为该行为判决任何人有罪。不能对任何人判处法律规定之外的刑罚种类和刑罚幅度。"

4. 刑法的地域效力

阿尔巴尼亚刑法采取以属地管辖为原则，有限制的属人管辖，保护管辖和普遍管辖为补充的刑事管辖权体制。阿尔巴尼亚刑法典第 6 条第 1 款规定："阿尔巴尼亚公民在阿尔巴尼亚共和国领域内实施犯罪行为的，应当适用阿尔巴尼亚共和国刑法。"第 7 条第 1 款规定："外国人在阿尔巴尼亚共和国领域内实施犯罪行为的，应当根据阿尔巴尼亚共和国刑法追究刑事责任。"第 8 条第 1 款规定："无国籍人在阿尔巴尼亚共和国领域内或者领域外实施犯罪行为的，适用本法典第7条和第7条A的规定。”此外，阿尔巴尼亚刑法典还在第6条至第8条规定了有限制的属人管辖、有限制的保护管辖和有限制的普遍管辖。

5. 外国刑事判决效力

阿尔巴尼亚刑法对外国刑事判决的效力采取有限制的积极承认主义，即在一定范围内承认外国刑事判决的效力。阿尔巴尼亚刑法典第10条规定：“除非双边或者多边条约另有不同规定，外国法院对被证明实施了犯罪行为的阿尔巴尼亚公民所作出的有罪判决，在下列情形下，在阿尔巴尼亚法律允许的范围内在阿尔巴尼亚领域内有效：a）确认实施犯罪行为的人具备累犯身份；b）执行包含从刑的判决；c）执行保安处分；d）为了偿付损害赔偿金或者其他民事法律后果。”

6. 刑法的溯及力

阿尔巴尼亚刑法在此问题上采取有利于被告人主义。阿尔巴尼亚刑法典第3条第1款规定：“如果实施行为时施行的法律认为该行为不构成犯罪或者违警罪的，不能因为该行为对任何人追究刑事责任。”第2款规定：“如果新法律规定原来的某一犯罪行为不再构成犯罪的，该新法律具有溯及力。如果行为人已经被判处刑罚的，不应当开始执行刑罚；如果已经开始执行刑罚的，应当终止刑罚的执行。”第3款规定：“如果犯罪实施时的法律和此后的法律有差异的，应当对实施该犯罪行为的人适用对其较为有利的法律。”

7. 犯罪分类

阿尔巴尼亚刑法典把犯罪（广义）分为犯罪（狭义）和违警罪两大类。阿尔巴尼亚刑法典第1条第2款规定：“犯罪行为分为犯罪和违警罪。在本法典分则条款中对每一种犯罪行为的所属类型作出具体规定。”分则中，对属于违警罪的犯罪都作出了明确规定，未明确规定的则属于犯罪（狭义）。

8．责任主义原则

阿尔巴尼亚刑法典第 14 条明确地宣示了责任主义原则，即只有主观上存在故意或者过失的行为，才可能构成犯罪。该条第 1 款规定：“行为人无过错地实施被法律规定为犯罪的作为或者不作为的，不应当被追究刑事责任。”该条第 2 款规定：“行为人故意或者过失地实施犯罪行为的，视为存在罪过。”

9．违法性认识

阿尔巴尼亚刑法典第 4 条规定：“不知道法律将其行为规定为犯罪，除非该无知在客观上不可避免，否则不能作为免除其刑事责任的理由。”可见，阿尔巴尼亚刑法典在违法性认识问题上并未采取彻底的不知法不赦原则，而是留有出罪余地。

10．刑事责任能力

（1）刑事责任年龄。阿尔巴尼亚刑法典按照犯罪类型的不同设置了不同的最低刑事责任年龄。阿尔巴尼亚刑法典第 12 条第 1 款规定：“如果行为人在实施犯罪时已满 14 周岁，应当承担刑事责任。”第 2 款规定：“如果行为人在实施违警罪时已满 16 周岁，应当承担刑事责任。”（2）精神病人的刑事责任能力。阿尔巴尼亚刑法典第 17 条把精神病人的刑事责任能力分为完全不负刑事责任能力和减轻刑事责任能力两种情形。该条第 1 款规定：“行为人在实施犯罪行为时患有心理平衡受到完全破坏的精神障碍或者神经心理障碍，并且因此不能控制其作为或者不作为或者不能认识其正在实施的犯罪行为的，不承担刑事责任。”该条第 2 款规定：“行为人在实施犯罪行为时患有心理平衡受到削弱的精神障碍或者神经心理障碍，并且因此削弱其对作为或者不作为的完全的认识或者控制能力的，应当承担刑事责任，但法院在确定刑罚的种类和幅度时应当考虑这一情节。”（3）醉态犯罪的刑事责任能力。阿尔巴尼亚刑法典第18条第1款规定：“在醉态中实施犯罪行为的，不能免除责任。”第2款规定：“如果醉态是因为意外情况导致并且其心理平衡受到削弱的，法院应当考虑将其作为减轻刑罚的情节。”第3款规定：“如果行为人故意地陷入醉态以实施犯罪行为的，法院应当将其视为加重刑罚的情节。”第4款规定：“上述规定也适用于在麻醉剂或者其他兴奋剂的作用下所实施的犯罪行为。”

11. 法人犯罪

阿尔巴尼亚刑法典在1995年制定之初在第45条承认了法人犯罪：“法院在审判过程中证实法人实施了犯罪行为的，可以决定停止其全部或者部分的业务活动、没收犯罪所得以及用于实施犯罪的工具或者其他财物。”但是，2001年1月24日第8733号法律废止了该规定，2004年9月16日第9275号法律第7条又新增了该条。现行刑法典第45条第1款规定：“代表法人或者为了法人的利益的法人机关或者代表人所实施的犯罪行为，法人（国家机关除外）应当承担刑事责任。”第2款规定：“地方政府机关只对其在作为公共事务代表所从事的活动中所实施的行为承担刑事责任。”第3款规定：“法人刑事责任不能免除实施该犯罪的自然人（实行人或者共犯）的刑事责任。”第4款规定：“法人的犯罪行为种类、适用于法人犯罪的具体制裁措施及其追诉程序、执行程序，由特别法作出规定。”为此，2007年6月14日第9754号法律“法人刑事责任法”对法人犯罪问题作出了具体规定。

12. 正当行为

阿尔巴尼亚刑法典规定了三类正当行为：（1）正当防卫。阿尔巴尼亚刑法典第19条第1款规定："为了保护本人或者他人的生命、健康、权利、利益免受客观、急迫、非法的侵害而被迫实施防卫行为，如果防卫行为的特征与侵害的危害程度相称的，不承担刑事责任。"第2款规定："如果二者之间明显地不相称的，构成防卫过当。"（2）紧急避险。阿尔巴尼亚刑法典第20条规定："为了使其本人或者他人的人身或者财产免受客观的、急迫的、无法通过其他手段避免的严重损害危险而实施的行为，如果该危险不是其本人引起并且所造成的损害不超过所避免的损害的，不承担刑事责任。"（3）行使权利或者履行义务。阿尔巴尼亚刑法典第21条第1款规定："依据法律或者有权主体发布的命令行使权利或者履行义务所实施的行为，除非该命令明显违法，否则不承担刑事责任。"第2款规定："如果该犯罪行为是基于非法的命令而实施的，由发布该命令的人承担刑事责任。"

13．犯罪未完成形态

阿尔巴尼亚刑法典规定了犯罪未遂一种未完成形态，但对已经构成其他犯罪的中止行为也应当追究刑事责任。（1）犯罪未遂。阿尔巴尼亚刑法典第22条规定："在着手实施某一犯罪的实行行为以后，因为行为人意志以外的原因而停止并且未达到既遂的，构成犯罪未遂。"阿尔巴尼亚刑法典第23条第1款规定："未遂犯，应当承担刑事责任。"第2款规定："考虑离犯罪结果发生的远近以及犯罪未遂的原因，法院可以减轻其刑罚，既可以低于法定最低刑判处刑罚，也可以判处轻于法定刑的刑种。"（2）中止行为。阿尔巴尼亚刑法典第24条第1款规定："行为人尽管有机会实施犯罪行为，但自动并且彻底地放弃实施犯罪行为的，不承担刑事责任。"第2款规定："如果行为人已经实施的行为符合其他犯罪的构成条件的，行为人应当对其所实施的行为承担刑事责任。”

14. 共同犯罪

(1) 共谋的含义。阿尔巴尼亚刑法典将共谋规定为共同犯罪的成立要件，也在分则中非常普遍地将其规定为一种导致刑罚幅度加重的情节。阿尔巴尼亚刑法典第25条规定：“共谋是指两个或者两个以上的人之间就实施犯罪达成合意。”(2) 共同犯罪的定罪。阿尔巴尼亚刑法典第27条第1款规定：“组织犯、教唆犯、帮助犯、实行犯，都应对他们所实施的犯罪行为承担刑事责任。”也就是说，所有的共同犯罪人都构成实行行为所指向的犯罪。(3) 共同犯罪的量刑。阿尔巴尼亚刑法典第27条第2款规定：“在对共同犯罪人量刑时，法院应当考虑每个人在共同犯罪中的参与程度和犯罪实施过程中所发挥的作用大小。”(4) 共同犯罪人的分类。阿尔巴尼亚刑法典第26条将实施犯罪行为的共同犯罪人分为组织犯、实行犯、教唆犯和帮助犯四类。组织犯，是指对实施犯罪的活动进行组织或者管理的人；实行犯，是指实施直接实现犯罪之行为的人；教唆犯，是指教唆其他共同犯罪人实施犯罪行为的人；帮助犯，是指以建议、指引、提供工具、清除障碍或者许诺隐瞒共同犯罪人、踪迹或者来自于犯罪行为的物品的方式帮助实施犯罪的人。(5) 共同犯罪的特殊形式。阿尔巴尼亚刑法典还在第28条规定了犯罪集团、恐怖主义组织、武装团伙、有组织犯罪团伙四种共同犯罪的特殊形式。此外，还在刑法分则第十一章规定对由武装团伙或者犯罪组织所实施的犯罪予以加重处刑的特殊规则。

15. 刑罚的种类

阿尔巴尼亚的刑罚包括主刑和从刑两大类。(1) 主刑。阿尔巴尼亚刑法典第29条第1款规定，适用于犯罪行为人的主刑包括终身监禁、监禁和罚金。该条第2款规定，适用于违警罪行为人的主刑包括监禁和罚金。值得关注的是，阿尔巴尼亚于1999年6月最后一次对平民犯罪执行死刑，2000年10月1日起《欧洲人权公约第6议定书》在阿尔巴尼亚生效，废止了除叛国罪和军事犯罪以外的死刑；2007年《欧洲人权公约第13议定书》在阿尔巴尼亚生效，废止了所有情形下的死刑。（2）从刑。阿尔巴尼亚刑法典第30条规定了9种从刑：剥夺从事公职的权利；没收犯罪工具和犯罪所得；禁止驾驶；剥夺勋章或者荣誉称号；剥夺从事特定职业或者手艺的权利；剥夺从事法人管理职责的权利；剥夺在一个或者多个行政区域内居留的权利；驱逐出境；自费公布法院判决。

16. 量刑情节

阿尔巴尼亚刑法典在总则部分明确地列举规定了减轻处罚情节和加重处罚情节：（1）减轻情节。阿尔巴尼亚刑法典第48条列举了下列7种减轻处罚情节：基于值得肯定的道德价值观念或者社会价值观念之动机而实施犯罪行为的；在因为被害人或者其他人的挑衅或者不正当行为所导致的激情的作用下实施犯罪的；在上级的不正当的行为或者指令的影响下实施犯罪的；行为人实施了表征其深度悔悟的行为的；行为人已经赔偿犯罪行为所造成的损失，或者主动地协助消除或者减轻犯罪行为的后果的；在实施犯罪之后向有权机关自首的；实施犯罪行为的人和被害人之间的关系已经恢复正常的。（2）阿尔巴尼亚刑法典第50条列举了下列13种加重处罚情节：基于卑劣动机实施犯罪行为的；为了使第三人承担刑事责任或者隐瞒第三人的刑事责任，或者为了使自己所实施的其他犯罪行为免受审判，或者为自己或者第三人获取财产利益或者其他物质利益而实施犯罪行为的；野蛮或者残忍地实施犯罪行为的；在以前的犯罪被判刑之后又实施犯罪行为的；实施加重或者扩大犯罪行为所造成的结果的行为的；以滥用源自于公共职位或者宗教服务的职权的方式实施犯罪行为的；针对儿童、孕妇或者因为各种原因而无力自卫的人实施犯罪行为的；针对外国代表实施犯罪行为的；利用家庭关系、朋友关系、主客关系实施犯罪行为的；以共谋方式实施犯罪行为的；不止一次地实施犯罪行为的；使用武器、军用弹药、爆炸物、易燃物、毒害物、放射物实施犯罪行为的；出于与性别、种族、宗教、国籍、语言、政治信仰、宗教信仰、社会信仰有关的动机实施犯罪行为的。

17. 时效

阿尔巴尼亚刑法典规定了追诉和时效及行刑时效制度，并且还规定战争罪和反人类罪不受追诉时效限制。

由于水平所限，加之从英文版本转译而来，不当之处，敬请读者批评指正。

陈志军

2010 年 11 月

目　　录

阿尔巴尼亚共和国刑法典[①]

总　　则

第一章　刑法及其适用范围

第 1 条　刑法和犯罪分类

刑法规定犯罪行为和对犯罪行为人所适用的刑罚及其他处分。

犯罪行为分为犯罪和违警罪。在本法典分则条款中对每一种犯罪行为的所属类型作出具体规定。

第 1 条 A　刑法立法的根据[②]

刑法典以阿尔巴尼亚共和国宪法、国际刑法的一般原则和阿尔巴尼亚国家批准的国际条约为根据制定。

刑法立法由本法典和规定犯罪行为的其他法律组成。

第 1 条 B　刑法立法的宗旨[③]

阿尔巴尼亚共和国刑法立法的宗旨是保护国家独立、领土完

① 即第 7895 号法律，于 1995 年 1 月 27 日公布，自 1995 年 6 月 1 日起施行。

② 2001 年 1 月 24 日第 8733 号法律第 1 条新增。

③ 2001 年 1 月 24 日第 8733 号法律第 1 条新增。

整、人的尊严、人的权利和自由、宪法秩序、财产、环境、阿尔巴尼亚族与其他少数民族的共存和理解、宗教共存免受犯罪的侵害以及预防这些犯罪。

第1条C　刑法典的原则[①]

刑法典的原则包括宪法所规定的法治原则、法律面前人人平等原则，以及公正地确定责任和刑罚原则、人道原则。

禁止以类推方式适用刑法。

第2条　罪刑法定

除非法律在行为时已经明确地规定将某一行为构成犯罪或者违警罪，否则不能因为该行为判决任何人有罪。

不能对任何人判处法律规定之外的刑罚种类和刑罚幅度。

第3条　刑法的时间效力

如果实施行为时施行的法律认为该行为不构成犯罪或者违警罪的，不能因为该行为对任何人追究刑事责任。

如果新法律规定原来的某一犯罪行为不再构成犯罪的，该新法律具有溯及力。如果行为人已经被判处刑罚的，不应当开始执行刑罚；如果已经开始执行刑罚的，应当终止刑罚的执行。

如果犯罪实施时的法律和此后的法律有差异的，应当对实施该犯罪行为的人适用对其较为有利的法律。

第4条　不知道法律

不知道法律将其行为规定为犯罪，除非该无知在客观上不可避免，否则不能作为免除其刑事责任的理由。

第5条　阿尔巴尼亚共和国领域

刑法上所指的阿尔巴尼亚共和国领域，是指领陆、内水、领

① 2001年1月24日第8733号法律第1条新增。

海，领陆、内水、领海之上的领空，以及阿尔巴尼亚国家主权所及的位于其他国家的阿尔巴尼亚外交代表或者领事代表驻地，位于任何地点的悬挂阿尔巴尼亚国旗的船舶或者阿尔巴尼亚的海军船舶、军用航空器、民用航空器。

第6条　对阿尔巴尼亚公民所犯之罪的刑法适用

阿尔巴尼亚公民在阿尔巴尼亚共和国领域内实施犯罪行为的，应当适用阿尔巴尼亚共和国刑法。

阿尔巴尼亚公民在外国领域内实施犯罪行为，依据该外国的法律也构成犯罪并且该外国法院尚未对之作出生效判决的，也应当适用阿尔巴尼亚共和国刑法。

本条所指的阿尔巴尼亚公民也包括那些在具有阿尔巴尼亚国籍之外同时具有其他国家国籍的人在内。

第7条　对外国公民所犯之罪的刑法适用①

外国人在阿尔巴尼亚共和国领域内实施犯罪行为的，应当根据阿尔巴尼亚共和国刑法追究刑事责任。

外国人在阿尔巴尼亚共和国领域外针对阿尔巴尼亚国家或者公民的利益实施下列犯罪行为的，也应当适用阿尔巴尼亚共和国刑法：

a）反人类罪；

b）危害国家独立和宪法秩序罪；

c）恐怖主义行为罪；

d）有组织卖淫，贩卖人口、儿童、妇女，非法制作或者贩

---

① 2001年1月24日第8733号法律第2条修正本条d项；2003年6月19日第9086号法律第1条新增本条h项；2004年9月16日第9275号法律第1条新增本条i项；2007年2月26日第9686号法律第1条修正本条c项；2008年11月27日第10023号法律新增本条j项。

卖武器、毒品或者其他麻醉药品、精神药品、核物质、淫秽物品，非法贩卖具有历史、文化、考古价值的艺术作品或者物品；

e）劫持航空器或者船舶罪；

f）伪造阿尔巴尼亚国玺、阿尔巴尼亚货币或者有价证券；

g）危害阿尔巴比亚公民的生命健康并且法定刑为5年监禁或者更重的刑罚的犯罪；

h）漂白犯罪所得罪；

i）在公共部门或者私营部门履行职责的人所实施的行贿罪和受贿罪；

j）信息技术领域的犯罪。

第7条A　普遍管辖权①

曾经在阿尔巴尼亚共和国领域外实施下列行为的外国公民，现正处于阿尔巴尼亚共和国领域内并且未被引渡的，也可以适用阿尔巴尼亚共和国刑法：

a）反人类罪；

b）战争罪；

c）种族灭绝罪；

d）恐怖主义行为罪；

e）酷刑罪。

外国人在阿尔巴尼亚共和国领域外实施犯罪，而特别法或者阿尔巴尼亚共和国作为参加方的国际条约规定适用阿尔巴尼亚共和国刑法的，也可以适用阿尔巴尼亚共和国刑法。

第8条　对无国籍人所犯之罪的刑法适用②

无国籍人在阿尔巴尼亚共和国领域内或者领域外实施犯罪行

---

① 2007年2月26日第9686号法律第2条新增。

② 2007年2月26日第9686号法律第3条修正。

为的，适用本法典第 7 条和第 7 条 A 的规定。

第 9 条　享有豁免权的外国人的责任

对根据国际法享有豁免权的外国公民在阿尔巴尼亚共和国领域内实施犯罪行为的任何案件，用过外交手段解决。

第 10 条　外国法院刑事判决的效力

除非双边或者多边条约另有不同规定，外国法院对被证明实施了犯罪行为的阿尔巴尼亚公民所作出的有罪判决，在下列情形下，在阿尔巴尼亚法律允许的范围内在阿尔巴尼亚领域内有效：

a）确认实施犯罪行为的人具备累犯身份；

b）执行包含从刑的判决；

c）执行保安处分；

d）为了偿付损害赔偿金或者其他民事法律后果。

第 11 条　引渡

只有在阿尔巴尼亚作为参加方的国际条约有明确规定的情形下才可以准予引渡。

只有作为引渡请求之标的的犯罪行为，按照阿尔巴尼亚法律和引渡请求国的法律都构成犯罪的情况下，才能准予引渡。

对下列情形下不允许引渡：

a）被引渡人是阿尔巴尼亚公民，但条约另有不同规定的除外；

b）作为引渡请求之标的的犯罪行为具有政治或者军事性质；

c）有合理根据认为被请求引渡人将会因为其政治信仰、宗教、种族、族群原因而受到迫害、惩罚或者调查；

d）被请求引渡人已经因为对其提出引渡请求的犯罪行为受到适格的阿尔巴尼亚法院的审判。

第二章　刑事责任

第 12 条　刑事责任年龄

如果行为人在实施犯罪时已满 14 周岁，应当承担刑事责任。

如果行为人在实施违警罪时已满 16 周岁，应当承担刑事责任。

第 13 条　因果关系

在行为人的作为或者不作为与结果或者结果发生的可能性之间不存在因果关系时，不承担刑事责任。

第 14 条　罪过

行为人无过错地实施被法律规定为犯罪的作为或者不作为的，不应当被追究刑事责任。

行为人故意或者过失地实施犯罪行为的，视为存在罪过。

第 15 条　故意

行为人预见到犯罪行为的结果并且希望结果发生，或者虽然不是希望但是有意识地放任该结果发生的，视为故意地实施犯罪行为。

第 16 条　过失

尽管行为人不希望结果发生但已经预见到结果发生的可能性并且轻信能够避免，或者虽然没有预见到该结果但根据当时的境况其应当预见并且能够预见的，视为过失地实施犯罪行为。

第17条 阻却责任的精神状态

行为人在实施犯罪行为时患有心理平衡受到完全破坏的精神障碍或者神经心理障碍，并且因此不能控制其作为或者不作为或者不能认识其正在实施的犯罪行为的，不承担刑事责任。

行为人在实施犯罪行为时患有心理平衡受到削弱的精神障碍或者神经心理障碍，并且因此削弱其对作为或者不作为的完全的认识或者控制能力的，应当承担刑事责任，但法院在确定刑罚的种类和幅度时应当考虑这一情节。

第18条 醉态中实施的犯罪

在醉态中实施犯罪行为的，不能免除责任。

如果醉态是因为意外情况导致并且其心理平衡受到削弱的，法院应当考虑将其作为减轻刑罚的情节。

如果行为人故意地陷入醉态以实施犯罪行为的，法院应当将其视为加重刑罚的情节。

上述规定也适用于在麻醉剂或者其他兴奋剂的作用下所实施的犯罪行为。

第19条 正当防卫

为了保护本人或者他人的生命、健康、权利、利益免受客观、急迫、非法的侵害而被迫实施防卫行为，如果防卫行为的特征与侵害的危害程度相称的，不承担刑事责任。

如果二者之间明显地不相称的，构成防卫过当。

第20条 紧急避险

为了使其本人或者他人的人身或者财产免受客观的、急迫的、无法通过其他手段避免的严重损害危险而实施的行为，如果该危险不是其本人引起并且所造成的损害不超过所避免的损害的，不承担刑事责任。

第21条　行使权利或者履行义务

依据法律或者有权主体发布的命令行使权利或者履行义务所实施的行为，除非该命令明显违法，否则不承担刑事责任。

如果该犯罪行为是基于非法的命令而实施的，由发布该命令的人承担刑事责任。

第三章　未　　遂

第22条　未遂的定义

在着手实施某一犯罪的实行行为以后，因为行为人意志以外的原因而停止并且未达到既遂的，构成犯罪未遂。

第23条　未遂的责任

未遂犯，应当承担刑事责任。

考虑离犯罪结果发生的远近以及犯罪未遂的原因，法院可以减轻其刑罚，既可以低于法定最低刑判处刑罚，也可以判处轻于法定刑的刑种。

第24条　放弃实施犯罪

行为人尽管有机会实施犯罪行为，但自动并且彻底地放弃实施犯罪行为的，不承担刑事责任。

如果行为人已经实施的行为符合其他犯罪的构成条件的，行为人应当对其所实施的行为承担刑事责任。

第四章　共同犯罪

第 25 条　共谋的定义

共谋是指两个或者两个以上的人之间就实施犯罪达成合意。

第 26 条　共同犯罪人

实施犯罪行为的共同犯罪人称为：组织犯、实行犯、教唆犯和帮助犯。

组织犯，是指对实施犯罪的活动进行组织或者管理的人。

实行犯，是指实施直接实现犯罪之行为的人。

教唆犯，是指教唆其他共同犯罪人实施犯罪行为的人。

帮助犯，是指以建议、指引、提供工具、清除障碍或者许诺隐瞒共同犯罪人、踪迹或者来自于犯罪行为的物品的方式帮助实施犯罪的人。

第 27 条　共同犯罪人的责任

组织犯、教唆犯、帮助犯、实行犯，都应对他们所实施的犯罪行为承担刑事责任。

在对共同犯罪人量刑时，法院应当考虑每个人在共同犯罪中的参与程度和犯罪实施过程中所发挥的作用大小。

第 28 条　共同犯罪的特殊形式①

1. 犯罪集团，是指三个或者三个以上的人，为了实施一种

① 2004 年 9 月 16 日第 9275 号法律第 2 条修正。

或者多种犯罪行为以获取物质利益或者非物质利益的目的所建立的具有特定等级的、有结构的、稳定的、存续时间长的组织，是共同犯罪的最高形式。犯罪集团为了实现其目的，利用武力、胁迫以及基于其所实施或者参与犯罪行为的活动对他人所形成的屈从或者沉默，以任何方式确保其获取对经济活动、特许权、授权、企业、公共事务或者其他类似活动的支配或者控制，以便为自己或者他人获取非法的利润和利益或者在选举活动中妨碍或者阻止自由行使选举权利。

2. 恐怖主义组织，是指意图实施恐怖主义暴力行为，以便颠覆宪法秩序、严重扰乱公共秩序、在公众中引起恐慌或者不安的犯罪集团的特殊形式。

3. 武装团伙，是指拥有武器、军用弹药或者其他所需工具意图实施本法典分则第五章、第六章、第七章所规定的犯罪行为的共同犯罪的特殊形式。

4. 有组织犯罪团伙，是指三个或者三个以上的人，为了实施一种或者多种犯罪行为以获取物质利益或者非物质利益的目的的一种特殊的共同犯罪形式。有组织犯罪集团既可以是随机组建的，也可以不必具有固定成员、任务分工、组织机构、发展计划。

5. 建立或者参加犯罪组织、恐怖主义组织、武装团伙或者有组织犯罪集团的，视为犯罪，根据本法典分则或者特别刑法的规定追究刑事责任。

6. 犯罪集团、恐怖主义组织、武装团伙、有组织犯罪团伙的成员，应当对他们在实现他们的犯罪活动目标的过程中所实施的所有犯罪行为承担刑事责任。

7. 如果犯罪集团、恐怖主义组织、武装团伙、有组织犯罪团伙的成员，对查明其共同犯罪活动、其他共同犯罪人、本人或者他人所有的财产或者对该犯罪集团、恐怖主义组织、武装团伙、有组织犯罪团伙所开展的侦查活动提供了决定性的协助的，可免除或者减轻其刑罚。

第五章 刑 罚

第 29 条 主刑①

适用于犯罪行为人的主刑包括：

1. 终身监禁。
2. 监禁。
3. 罚金。

适用于违警罪行为人的主刑包括：

1. 监禁。
2. 罚金。

在本法典相关条款有规定时，监禁和罚金可以并科。

第 30 条 从刑②

对实施犯罪或者违警罪的行为人，除了适用主刑外，还可以适用下列一种或者更多种从刑：

---

① 2001 年 1 月 24 日第 8733 号法律第 79 条修正；2003 年 6 月 19 日第 9086 号法律第 2 条新增第 3 款。

② 本条第 2 项先被 2003 年 6 月 19 日第 9086 号法律第 3 条修正；2004 年 9 月 16 日第 9275 号法律第 3 条再次修正。

1. 剥夺从事公职的权利。

2. 没收犯罪工具和犯罪所得。

3. 禁止驾驶。

4. 剥夺勋章或者荣誉称号。

5. 剥夺从事特定职业或者手艺的权利。

6. 剥夺从事法人管理职责的权利。

7. 剥夺在一个或者多个行政区域内居留的权利。

8. 驱逐出境。

9. 自费公布法院判决。

在特殊情况下，如果法院认为刑罚不适当并且法定刑为 3 年以下监禁或者其他更轻的刑罚的，可以只适用从刑。

第 31 条　终身监禁①

实施严重犯罪的，法院判处终身监禁。

对在实施犯罪时未满 18 周岁的人或者妇女，不适用终身监禁。

应当同时依据本法典分则的规定，适用终身监禁。

第 32 条　监禁

适用于犯罪的监禁的期限为 5 日以上 25 年以下。

适用于违警罪的监禁的期限为 5 日以上 2 年以下。

第 33 条　终身监禁和监禁的服刑方式

终身监禁或者监禁在为此目的而设立的专门机构中服刑。

对有关监禁刑的服刑方式的规则以及囚犯的权利和义务，由法律作出规定。

未成年人罪犯在独立于成年人罪犯的机构中执行监禁判决。

---

① 2001 年 1 月 24 日第 8733 号法律第 79 条对本条条旨和第 1 款、第 2 款进行了修正。

女性罪犯在独立于男性罪犯的机构中执行监禁判决。

第34条　罚金①

罚金是指在法定幅度内向国家支付一定数额的金钱。

罚金刑适用于实施犯罪或者违警罪的人。

适用于犯罪的罚金的幅度为10万列克以上1000万列克以下。

适用于违警罪的罚金的幅度为5万列克以上300万列克以下。

对于出于获取财产或者其他物质利益动机所实施的犯罪，如果法律只对该犯罪规定监禁刑的，法院可以对之判处10万列克以上500万列克以下罚金。

罚金必须在法院判决规定的期限内缴纳。

在考虑罪犯经济状况的情况下，法院可以允许其分期支付罚金，并且确定分期支付的数额和期限。

如果罚金在规定期间内未被缴纳的，法院按照5000列克罚金折抵1日监禁的比例将罚金易科为监禁。

如果是因为实施犯罪而被判处罚金的，所易科的监禁不得超过3年；如果是因为实施违警罪而被判处罚金的，所易科的监禁不得超过1年。但在任何情况下，所易科的监禁不得超过相应条款所规定的监禁刑的最高刑。

如果上述罪犯在所易科监禁的执行过程中付清罚金的，法院应当撤销易科监禁判决，所扣除的罚金数额按照本条第7款所规定的比例换算。

第35条　剥夺从事公职的权利②

如果行为人以滥用公共职位的方式实施与其职责有关的犯

---

① 2001年1月24日第8733号法律第3条对本条第3款、第4款、第5款进行了修正；2004年9月16日第9275号法律第4条对本条第4款进行了修正。

② 2004年9月16日第9275号法律第4条、第5条修正。

罪，或者所实施的犯罪被判处10年以上监禁的，判处5年以下剥夺从事公职的权利。

如果行为人所实施的犯罪被判处5年以上10年以下监禁的，可以判处3年以上5年以下剥夺从事公职的权利；如果行为人所实施的犯罪被判处3年以下监禁的，可以判处1年以上3年以下剥夺从事公职的权利。

第36条　没收犯罪工具和犯罪所得①

1. 法院应当将下列对象没收（包括扣押和交归国有）：

a）已经用作或者预定用作实施犯罪工具的物品；

b）犯罪所得（包括各种财产、用以证明一定权利的法律文书或者法律票据）或者直接或者间接来源于或者来自于犯罪实施的其他财产性利益；

c）因为实施犯罪行为所给予的或者承诺给予的报酬；

c1）与犯罪所得的价值相当的任何其他财产；

d）构成犯罪的生产、使用、持有、转让行为所指向的物品，即使没有对该行为作出追究刑事责任的判决也不例外。

2. 如果犯罪所得全部或者部分地转换为其他财产的，后者应当予以没收。

3. 如果犯罪所得与合法取得的财产混合在一起的，没收与犯罪所得数额相等的价值。

4. 对来自于犯罪所得、由犯罪所得转换所得的财产以及与之混合的财产的收益或者其他利益，也应当按照对前述与犯罪所得所规定的相同范围和方式予以没收。

---

① 2003年6月19日第9086号法律第4条修正。

第 37 条　禁止驾驶交通工具

如果认为具有预防效果或者与行为人所实施犯罪的性质有密切关系，法院可以对实施犯罪行为的人判处 5 年以下禁止驾驶交通工具。

第 38 条　剥夺勋章和荣誉称号

行为人实施可以判处监禁的犯罪行为并且被认为继续保有勋章或者荣誉称号与其所实施犯罪的性质相悖的，判处剥夺勋章和荣誉称号。

如果行为人因为犯罪被判处 10 年以上监禁的，处以永久剥夺勋章和荣誉称号；如果行为人被判处 10 年以下监禁的，处 5 年以下剥夺勋章和荣誉称号。

第 39 条　剥夺从事特定职业或者手艺的权利

剥夺从事特定职业或者手艺的权利，是指剥夺罪犯从事需要获得主管机关给予特别的同意、颁发执照、授权、颁发许可证的活动或者手艺的资格。

对以滥用职业或者手艺的手段实施任何犯罪行为的，应当判处剥夺从事特定职业或者手艺的权利，期间为 1 个月以上 5 年以下。

第 40 条　剥夺从事法人管理职责的权利①

剥夺从事法人管理职责的权利，是指剥夺罪犯从事董事、管理人、经理、清算人或者与法人代表人身份有关的其他职责的权利。

如果行为人以滥用其上述职权的方式实施犯罪或者以违反与该职责有关的规则和条例的方式实施行为的，判决剥夺从事法人

① 2004 年 9 月 16 日第 9275 号法律第 6 条新增最后 1 款。

管理职责的权利，期间为1个月以上5年以下。

如果该行为人被判处5年以上监禁的，判决剥夺从事法人管理职责的权利的期间为5年以上10年以下。

第41条　禁止在一个或者多个行政区域内居留

如果认为被告人居留于特定的行政区域对公共安全构成危险的，法院应当判决禁止其在一个或者多个行政区域内居留，期间为5年以下。

第42条　驱逐出境

对实施犯罪并且被认为不应继续居留于阿尔巴尼亚共和国领域内的外国公民或者无国籍人，法院应当判决将其驱逐出阿尔巴尼亚领域。

如果该外国人或者无国籍人获得阿尔巴尼亚公民资格的，法院可以基于该被告人的请求撤销该判决。

第43条　公布法院判决

如果认为公布判决内容事关法人或者自然人的利益的，法院可以决定公布判决。

公布法院判决，是指强制被告人依据法院的判决自费地在一家或者多家报纸或者电视台上公布判决的全部或者部分内容。

法院应当确定公布判决内容的日期和持续时间。

报刊和电视台有义务公布法院所送达的法院判决。

在存在泄露国家秘密、侵犯个人隐私或者损害公共道德的危险时，不能决定公布法院判决。

第44条　从刑的执行方式

如果法院在监禁刑以外同时判处本法典第30条所规定的一种或者几种从刑的，从刑与主刑同时开始执行。

本法典第30条第1款第1项、第3项、第5项、第6项、第

7项、第8项所规定的从刑，从监禁刑服刑完毕后开始执行。罪犯被从刑所剥夺的权利，在监禁服刑期间也不能享有。

第45条 刑法对法人的适用①

代表法人或者为了法人的利益的法人机关或者代表人所实施的犯罪行为，法人（国家机关除外）应当承担刑事责任。

地方政府机关只对其在作为公共事务代表所从事的活动中所实施的行为承担刑事责任。

法人刑事责任不能免除实施该犯罪的自然人（实行人或者共犯）的刑事责任。

法人的犯罪行为种类、适用于法人犯罪的具体制裁措施及其追诉程序、执行程序，由特别法作出规定。②

第46条 治疗处分和教育处分

对已经实施犯罪活动的无责任能力人，法院可以判决适用治疗处分；对免除刑罚或者因为其年龄不承担刑事责任的未成年人，法院可以判决适用教育处分。

治疗处分包括：

1. 在医疗门诊接受强制治疗。

2. 在医疗机构中接受强制治疗。

教育处分包括：

将未成年人交付教育机构。

如果作为处分适用基础的情况消失的，法院可以在任何时候撤销适用治疗处分或者教育处分的判决。但无论在什么情况下，

---

① 2001年1月24日第8733号法律第4条废止；2004年9月16日第9275号法律第7条新增。

② 2007年6月14日第9754号法律“法人刑事责任法”对法人犯罪的上述问题作出了规定。——译者注

法院应当在作出判决之日起 1 年后主动地重新审查该判决。

关于撤销适用治疗处分或者教育处分的判决的规则，在刑事诉讼法典中作出规定。

第六章　量　　刑

第 47 条　量刑方法

法院按照本法典总则的规定和对各种犯罪行为的法定刑限度量定刑罚。

法院在量刑时应当考虑犯罪行为的危害程度、犯罪人的危险性程度、罪过程度以及减轻情节和加重情节。

第 48 条　减轻情节

有下列情节的，减轻刑罚：

a）基于值得肯定的道德价值观念或者社会价值观念之动机而实施犯罪行为的；

b）在因为被害人或者其他人的挑衅或者不正当行为所导致的激情的作用下实施犯罪的；

c）在上级的不正当的行为或者指令的影响下实施犯罪的；

c1）行为人实施了表征其深度悔悟的行为的；

d）行为人已经赔偿犯罪行为所造成的损失，或者主动地协助消除或者减轻犯罪行为的后果的；

d1）在实施犯罪之后向有权机关自首的；

e）实施犯罪行为的人和被害人之间的关系已经恢复正常的。

第 49 条

即使不存在本法典第 48 条所指的情节，法院也可以有正当根据地将其他情节视为减轻处罚情节。

第 50 条　加重情节①

有下列情节的，加重刑罚：

a）基于卑劣动机实施犯罪行为的；

b）为了使第三人承担刑事责任或者隐瞒第三人的刑事责任，或者为了使自己所实施的其他犯罪行为免受审判，或者为自己或者第三人获取财产利益或者其他物质利益而实施犯罪行为的；

c）野蛮或者残忍地实施犯罪行为的；

c1）在以前的犯罪被判刑之后又实施犯罪行为的；

d）实施加重或者扩大犯罪行为所造成的结果的行为的；

d1）以滥用源自于公共职位或者宗教服务的职权的方式实施犯罪行为的；

e）针对儿童、孕妇或者因为各种原因而无力自卫的人实施犯罪行为的；

f）针对外国代表实施犯罪行为的；

g）利用家庭关系、朋友关系、主客关系实施犯罪行为的；

g1）以共谋方式实施犯罪行为的；

h）不止一次地实施犯罪行为的；

i）使用武器、军用弹药、爆炸物、易燃物、毒害物、放射物实施犯罪行为的；

j）出于与性别、种族、宗教、国籍、语言、政治信仰、宗教

---

① 2001 年 1 月 24 日第 8733 号法律第 5 条对本条 a 项进行了修正并且新增 h 项和 i 项进行了修正；2004 年 9 月 16 日第 9275 号法律第 8 条对本条 d1 项进行了修正；2007 年 2 月 26 日第 9686 号法律第 6 条新增本条 j 项。

信仰、社会信仰有关的动机实施犯罪行为的。

第 51 条　对未成年人判处监禁

对实施犯罪行为时未满 18 周岁的未成年人，所判处的监禁不能超过所犯之罪法定刑的 1/2。

第 52 条　对未成年人免除刑罚

考虑到行为微小的危害性、行为的具体情节和其此前的行为表现，法院可以免除未成年人的刑罚。

在这种情况下，法院可以决定将该未成年人交付教育机构。

第 53 条　在法定刑以下减轻刑罚

在特殊情况下，如果法院认为行为的危害程度微小、行为人的危险性微小并且具有减轻处罚情节的，可以在有关条款法定最低刑幅度以下判处刑罚或者判处比法定刑较轻的刑种。

第 54 条　同意支付罚金

对于既规定了罚金也规定了监禁的违警罪而言，基于违警罪行为人的请求，法院可以决定接受其向国家预算一次性即刻支付与本法典总则所规定的违警罪罚金刑上限 1/2 数额的罚金。

请求可以在一审法院作出确定判决之前的审判程序的任何阶段提出。

如果法院拒绝该请求的，对其所实施的犯罪判处刑罚。

对此前也因为违警罪被判决有罪的人，不能接受其请求。

第 55 条　数罪并罚

如果一个作为或者不作为符合多个犯罪的构成要件，或者一个行为人实施了多个尚未作出判决的犯罪行为的，法院首先应当对每个犯罪定罪判刑，然后最终确定一个以数个刑罚中最重刑罚为基础进行加重的刑罚。

加重后的刑罚既不能超过所分别判处的各个刑罚的总和刑

期，也不能超过所判刑种的最高限度。

如果法院认为行为人所实施的数个行为显示行为人并不具有严重的罪过的，可以在对数个行为所判处的数个刑罚中选取最重的刑罚作为确定适用的刑罚。

对数个犯罪所分别判处的一个或者多个从刑，都应当在最终判决中确定适用。

第56条　判决竞合

如果罪犯在服刑完毕之前又因为判决之前所实施的其他犯罪被判处刑罚的，应当适用前条的规则并罚，并且把已经执行的刑罚计算在新判决所决定适用的刑罚以内。

如果罪犯在判决宣告之后服刑完毕之前又实施新的犯罪的，法院应当根据本法典第56条的规则将新判决的刑罚与前一判决的剩余刑罚进行并罚。

第57条　羁押期间的计算①

羁押期间按照下列方法折抵监禁、罚金或者公益劳动：

1日羁押折抵半日监禁。

1日羁押折抵5000列克罚金。

1日羁押折抵18小时公益劳动。

① 2001年1月24日第8733号法律第6条对本条第3款进行了修正。

第七章 监禁的替代措施

第58条 半监禁①

对于判处1年以下监禁的判决，法院考虑罪犯必要的工作的、教育的、职业身份的、职业培训的、家庭的义务或者治疗、医疗康复的需要，可以决定以半监禁方式执行。

被判处半监禁的罪犯在监狱外履行完有关的义务后，必须在法院确定的期间内返回监狱。

如果罪犯不履行本条规定的义务的，应当适用本法典第62条的规定。

第59条 缓刑和考验决定②

对判处5年以下监禁的罪犯，法院考虑罪犯较小的危险性、罪犯的年龄、健康状况、精神状况、生活方式和需求（尤其是与其家庭、教育、工作有关的情况）、犯罪实施中的情节、罪后表现，可以命令罪犯与考验机构保持联系并且将其交付考验，如果其在考验期内没有实施其他犯罪的，暂缓执行其刑罚。

法院决定罪犯应当履行的本法典第60条所规定的一项或者多项限制条件。

考验期间为18个月以上5年以下。

如果罪犯不按照法院命令与考验机构保持联系或者不履行第

① 2008年11月27日第10023号法律第2条修正。

② 2008年11月27日第10023号法律第3条修正。

60条所规定的限制条件的，法院可以作出新的判决替代旧的判决，既可以是在考验期内延长监督期限，也可以是撤销缓刑判决。

第59条A 家中监禁[①]

对判处2年以下监禁的罪犯或者被判处更长刑期的监禁但剩余刑期为2年以下的罪犯，具有下列情形的，法院可以决定其居留于本人的住所、其他私人住处或者护理中心、公共卫生中心执行刑罚：

a）孕妇或者与10周岁以下子女共同生活的母亲；

b）在子女的母亲已经去世或者不能照看子女的情况下，对与其共同生活的10周岁以下子女履行亲权责任的父亲；

c）因为严重不良的健康状况而需要在监狱外的卫生服务机构接受持续护理的人；

d）因为健康原因而残疾的60周岁以上的人。

第60条 对交付缓刑考验罪犯的限制[②]

法院可以命令被交付考验的罪犯遵守下列限制条件：

1. 从事职业活动或者接受教育或者职业培训。
2. 用工资、其他收入或者财产偿付经济债务。
3. 赔偿所造成损失的民事赔偿金。
4. 禁止驾驶特定的交通工具。
5. 禁止从事与其犯罪行为有关的职业活动。
6. 禁止进入特定场所。
7. 禁止进入供应酒精饮料的商店。
8. 在特定时间内停留于其住所内。

---

① 2008年11月27日第10023号法律第4条修正。

② 2008年11月27日第10023号法律第5条新增。

9. 不与特定人（主要是罪犯或者罪犯的同伙）交往。

10. 不得拥有、携带、使用武器。

11. 在卫生机构中治疗或者康复，或者参加治疗处遇计划或者康复处遇计划。

12. 戒除使用酒精或者毒品。

在确定对罪犯所适用的限制条件时，法院应当考虑罪犯的年龄、精神状况、生活方式和需求（尤其是与其家庭、教育、工作有关的情况）、犯罪动机、罪后表现以及影响本条规定的限制条件的适用和监督的其他情节。

第 61 条　缓刑考验期间罪犯的义务①

在考验期间，罪犯必须：

a）定期出现在考验监督机关并且连续报告其履行法院所确定的限制条件和义务的情况；

b）在住所、工作地点变更或者在国内频繁迁徙时，应当获得考验监督机关的同意。

第 62 条　对缓刑考验期间限制和义务的违反②

如果罪犯在考验期间实施其他犯罪的，法院可以修改其所确定的限制条件、以其他刑罚替代原有刑罚、部分或者全部地撤销缓刑决定。

如果罪犯在考验期间违反对其所适用的限制条件和义务的，考验机关应当立即报告检察官。

如果轻微并且初次地违反法院所确定的限制条件或者义务的，检察官有权利对之给予警告并且将其记载于罪犯的个人记录中。

---

① 2008 年 11 月 27 日第 10023 号法律第 6 条修正。

② 2008 年 11 月 27 日第 10023 号法律第 7 条修正。

如果罪犯严重或者重复地违反法院所确定的限制条件或者义务的，检察官应当请求法院变更所确定的义务、增加其他义务、以其他刑罚替代原有的刑罚或者撤销缓刑判决并且入监执行剩余刑期。

第63条　暂缓执行监禁并且易科从事公益劳动①

对被判处1年以下监禁的罪犯，如果认为行为人和犯罪情节具有较低的危险性的，法院可以决定暂缓执行监禁并且易科为从事公益劳动的义务。

从事公益劳动，是指在获得罪犯同意的情况下，无偿地向公益机构或者法院判决确定的团体提供劳动，期间为40小时以上240小时以下。

如果罪犯在法庭审理过程中拒绝暂缓执行监禁，不能适用易科为从事公益劳动。

公益劳动的期间为6个月以下。

法院应当在决定中明确规定劳动的小时数并且规定罪犯与考验机关保持联系的义务。

考验机关应当在尽可能地考虑罪犯的固定工作或者家庭责任的情况下，确定从事劳动的场所和每周从事劳动的天数。公益劳动每天的期间不能超过8小时。

在劳动完成之后，其判决视为不存在。

如果罪犯不从事公益劳动、不与考验机关保持联系或者违反法院所适用的限制条件或者其他义务的，检察官应当立即通知法院。法院根据本法典第62条的规定作出决定。

---

① 2008年11月27日第10023号法律第8条修正。

第 64 条　假释①

对判处监禁的罪犯，如果有具体根据地认为其行为或者劳动表现显示刑罚的教育目的已经实现，并且已服刑期达到下列标准的，才可以准予假释：

1. 对违警罪，已服刑期达到 1/2 以上；

2. 对判处 5 年以下监禁的犯罪，已服刑期达到 2/3 以上；

3. 对判处 5 年以上 25 年以下监禁的犯罪，已服刑期达到3/4以上。

罪犯从特赦或者大赦中受益的期间，不能计入已服刑期。

对因为实施故意犯罪而被判刑的累犯，不能准予假释。

因为故意犯罪而被判刑的罪犯，如果在假释考验期间故意实施其他犯罪的，法院撤销其假释，适用数罪并罚的规定。

第 65 条　对被判处终身监禁的罪犯原则上不能予以假释②

对判处终身监禁的罪犯，原则上不能适用假释。

对判处终身监禁的罪犯，只有在已服监禁刑期达到 25 年以上并且在服刑期间保持出色的行为表现，显示出刑罚的教育目的已经达到的情况下才可以适用假释。

---

① 2001 年 1 月 24 日第 8733 号法律第 7 条修正；2008 年 11 月 27 日第 10023 号法律第 9 条修正。

② 2008 年 11 月 27 日第 10023 号法律第 10 条修正了本条第 1 款和第 2 款。

第八章　追诉时效、行刑时效和刑罚消灭

第 66 条　追诉时效

从行为实施之时到行为人被列为被告时止，如果已经历了下列期间的，不能提起刑事追诉：

a）法定刑为 10 年以上监禁或者更重刑罚的犯罪，为 20 年；

b）法定刑为 5 年以上 10 年以下监禁的犯罪，为 10 年；

c）法定刑为 5 年以下监禁或者罚金的犯罪，为 5 年；

c1）法定刑为 2 年以下监禁的违警罪，为 3 年；

d）法定刑为罚金的违警罪，为 2 年。

第 67 条　不适用追诉时效的犯罪

追诉时效不适用于战争罪和反人类罪。

第 68 条　行刑时效

判决从其最终生效之日起经过下列期间后，不再执行：

a）15 年以上 20 年以下的监禁判决，为 20 年；

b）5 年以上 15 年以下的监禁判决，为 10 年；

c）5 年以下的监禁或者更轻刑罚的判决，为 5 年。

第 69 条　复权

对下列人员，判决视为自始不存在：

a）被判处不满 6 个月监禁或者更轻的其他刑罚的人，在服刑完毕之日起 2 年内没有实施其他犯罪行为的；

b）被判处 6 个月以上 5 年以下监禁的人，在服刑完毕之日

起 5 年内没有实施其他犯罪行为的；

c）被判处 5 年以上 10 年以下监禁的人，在服刑完毕之日起 7 年内没有实施其他犯罪行为的；

c1）被判处 10 年以上 25 年以下监禁的人，在服刑完毕之日起 10 年内没有实施其他犯罪行为的。

第 70 条　特赦

通过特赦，有权机关既可以全部或者部分地免除其对法院判决的执行，也可以以较轻的判决替代。

第 71 条　大赦

通过大赦，有权机关既可以免予对行为人提起刑事追诉，也可以全部或者部分地免除其对判决的执行，还可以以较轻的判决替代。

大赦的效力及于大赦宣布前一天之前所实施的行为，但大赦决定对有关的行为作出例外规定的除外。

第 72 条　总则规定的适用范围

本法典总则部分的规定，也应当适用于特别法所规定的其他犯罪。

分　则

第一章　反人类罪

第 73 条　种族灭绝罪①

以全部或者部分地消灭某一特定的民族、族群、种族或宗教团体为目的，针对这些团体的成员有计划地实施下列行为的：故意地造成属于这些团体的一个成员死亡、严重的生理或者心理伤害，将其置于会导致其全部或者部分的肉体灭绝的生存条件之下，采取阻碍生育措施或者强制地将一个团体的孩子转移给其他团体的，处 10 年以上监禁或者终身监禁。

第 74 条　反人类罪②

出于政治的、价值观的、种族的或者宗教的原因，有计划地针对某一平民群体实施杀害、灭绝、奴役、国内流放、驱逐出境、酷刑或者不人道暴力的，处 15 年以上监禁或者终身监禁。

第 74 条 A　利用计算机散布认同种族灭绝或者反人类罪的材料罪③

通过计算机系统公开提供或者故意公开散布对种族灭绝或者

① 2001 年 1 月 24 日第 8733 号法律第 79 条修正。

② 2001 年 1 月 24 日第 8733 号法律第 8 条修正。

③ 2008 年 11 月 27 日第 10023 号法律第 11 条新增。

反人类罪行为不予承认、重大缩小、赞同、辩解的材料的，处3年以上6年以下监禁。

第75条　战争罪①

在战时针对平民或者在占领区实施杀害、酷刑、驱逐从事奴役劳动或者任何其他不人道剥削，或者杀害或者虐待战俘，或者杀害人质，或者非出于军事必要而损毁私人或者公有财产或者损毁城市、城镇、村庄的，处15年以上监禁或者终身监禁。

第二章　侵犯人身和生命罪

第一节　故意杀人罪

第76条　故意杀人罪

故意杀人的，处10年以上20年以下监禁。

第77条　牵连杀人罪②

有预谋地杀人并且事先实施、伴随实施、随即实施或者隐瞒其他犯罪的，处20年以上监禁。

---

① 2001年1月24日第8733号法律第79条修正。

② 2001年1月24日第8733号法律第9条修正。

第 78 条　谋杀罪[①]

有预谋地杀人的，处 15 年以上 25 年以下监禁。

为了获取利益、报复或者世仇而实施谋杀罪的，处 20 年以上监禁或者终身监禁，并处 50 万列克以上 300 万列克以下罚金。

第 79 条　附随其他情节的故意杀人罪[②]

故意杀人具有下列情节的：

a）针对未成年人实施的；

b）在被害人的身份显而易见或者已知的情况下，针对有生理或者心理残疾的人、患有严重疾病的人或者孕妇实施的；

c）在被害人的身份显而易见或者已知的情况下，针对正在履行职责的议员、法官、检察官、律师、警察、军人或者其他公务员实施的，或者因为其职责而对之实施的；

c1）针对犯罪行为的检举人、证人、被害人或者诉讼当事人实施的；

d）不止一次地实施的；

d1）针对两个或者两个以上的人实施的；

e）以对被害人造成极度痛苦的方式实施的；

e1）以危及多人生命的方式实施的，处 20 年以上监禁或者终身监禁。

第 80 条

为实施杀人罪提供所需条件或者物质工具的，处 5 年以下

---

① 2001 年 1 月 24 日第 8733 号法律第 10 条修正；2007 年 2 月 26 日第 9686 号法律第 7 条新增本条第 2 款。

② 2001 年 1 月 24 日第 8733 号法律第 11 条修正；2004 年 9 月 16 日第 9275 号法律第 9 条修正本条 c 项。

监禁。

第81条　杀婴罪

母亲在刚分娩后就故意地杀死其婴儿的，构成违警罪，处罚金或者2年以下监禁。

第82条　激情杀人罪

在因为被害人所实施的暴力或者严重侮辱所导致的突发的极度心理冲击状态下故意杀害被害人的，处8年以下监禁。

第83条　防卫过当杀人罪

因为防卫过当而杀人的，处7年以下监禁。

第83条A　实施报复或者复仇之严重威胁罪①

对他人露骨地发出进行报复或者复仇之严重威胁的，处3年以下监禁，并处10万列克以上100万列克以下罚金。

第83条B　怂恿报复或者复仇罪②

怂恿他人报复或者复仇，但没有发生其他犯罪行为的，处3年以下监禁，并处10万列克以上100万列克以下罚金。

第84条　恐吓罪

对他人发出杀害或者严重人身伤害之严重威胁的，构成违警罪，处罚金或者1年以下监禁。

第84条A　利用计算机系统实施基于种族主义和排外动机的恐吓罪③

基于族群、民族、种族、宗教原因，利用计算机系统对他人实施杀害或者严重伤害之严重威胁的，处罚金或者3年以下

---

① 2001年1月24日第8733号法律第12条新增；2007年2月26日第9686号法律第8条修正。

② 2007年2月26日第9686号法律第9条新增。

③ 2008年11月27日第10023号法律第12条新增。

监禁。

第二节 过失杀人罪

第 85 条 过失杀人罪

过失杀人的，处罚金或者 5 年以下监禁。

第三节 故意危害健康罪

第 86 条 酷刑罪[①]

从事公务的人员出于下列目的，亲自造成或者以明示或者暗示的方式怂恿或者同意造成他人严重生理或者精神损害的：

a）为了获得其被害人或者其他人的情报或者陈述；

b）为了对由被害人或者其他人所实施的或者涉嫌实施的行为进行处罚；

c）为了对被害人或者其他人进行恐吓或者施加压力；

d）以任何形式的歧视为基础的其他目的；

e）任何其他不人道的或者有辱人格的行为；

处 4 年以上 10 年以下监禁。

第 87 条 导致严重后果的酷刑罪

酷刑或者其他任何有辱人格或者不人道行为导致残疾、肢体残缺、对人体健康造成永久损害或者致人死亡的，处 10 年以上 20 年以下监禁。

---

① 2007 年 2 月 26 日第 9686 号法律第 10 条修正。

第 88 条　故意重伤罪

故意伤害他人，导致肢体残缺、毁容、对人体健康的其他永久损害、堕胎或者在实施之时危及生命的，处 3 年以上 10 年以下监禁。

如果针对多人实施或者致人死亡的，处 5 年以上 15 年以下监禁。

第 88 条 A　激情重伤罪①

在因为被害人所实施的暴力或者严重侮辱所导致的突发的极度心理冲击状态下故意造成被害人重伤的，处 5 年以下监禁。

第 88 条 B　防卫过当重伤罪②

防卫过当超过必要限度造成重伤的，处 3 年以下监禁。

第 89 条　故意轻伤罪

故意伤害造成被害人在不超过 9 日的期间内暂时无法工作的，构成违警罪，处罚金或者 2 年以下监禁。

第 89 条 A③

就器官移植进行交易或者实施与器官的摘除或者移植有关的非法活动的，处 3 年以上 10 年以下监禁。

出于牟利的目的实施这些行为的，处 10 年以上 20 年以下监禁。

第 90 条　其他故意伤害罪

对他人实施殴打或者任何其他暴力行为的，构成违警罪，处罚金。

如果上述行为造成被害人在不超过 9 日的期间内暂时无法工

---

① 2001 年 1 月 24 日第 8733 号法律第 13 条新增。

② 2001 年 1 月 24 日第 8733 号法律第 13 条新增。

③ 1997 年 10 月 4 日第 8204 号法律第 1 条新增。

作的，构成违警罪，处罚金或者 6 个月以下监禁。

第四节　过失危害健康罪

第 91 条　过失重伤罪

过失造成他人重伤的，构成违警罪，处罚金或者 1 年以下监禁。

第 92 条　过失轻伤罪

过失地造成他人轻伤的，构成违警罪，处罚金。

第五节　堕胎或者见危不救危害生命健康罪

第 93 条　未获孕妇同意的堕胎罪

在未获得孕妇同意的情况下为其堕胎的，除非是出于与健康有关的正当原因，否则处罚金或者 5 年以下监禁。

第 94 条　在未获授权的场所由未获许可证的人实施的堕胎罪

在公立医院或者获得特别许可的私人诊所以外的其他场所堕胎，或者堕胎由不是医生的人实施，或者在获准堕胎的期间届满以后堕胎，除非是出于与健康有关的正当原因而实施的，否则构成违警罪，处罚金或者 2 年以下监禁。

如果该行为对生命造成严重危险或者致人死亡的，处罚金或者 5 年以下监禁。

第 95 条　提供堕胎工具罪

提供用于堕胎的工具以便孕妇自己堕胎或者用以帮助他人堕胎的，构成违警罪，处罚金或者 1 年以下监禁。

第 96 条　不当治疗罪①

医生或者其他医务人员对病人实施粗心的治疗或者不执行治疗或者不执行医务人员或者药剂师的医嘱，对病人的健康造成严重伤害、危及病人的生命或者造成病人死亡的，处罚金或者 5 年以下监禁。

如果该行为导致病人感染艾滋病的，处 3 年以上 7 年以下监禁。

第 97 条　不提供救助罪

因为法律的规定或者其身份而有义务提供救助的人，在无正当理由的情况下不向他人提供该种救助，对他人的健康造成严重伤害、危及他人的生命或者造成他人死亡的，构成违警罪，处罚金或者 2 年以下监禁。

第 98 条　船长不提供救助罪

船长在不会对船舶、船员、乘客造成严重危险的情况下，不救助正在海洋或者其他水域中濒临溺水的人的，处罚金或者 4 年以下监禁。

第 99 条　导致自杀罪

行为人对在物质上或者其他任何方面依附于其的人有计划地实施虐待或者严重损害尊严的不正当行为，导致被害人自杀或者自杀未遂的，处罚金或者 5 年以下监禁。

第六节　性犯罪

第 100 条　与未成年人进行异性或者同性性交罪②

与未满 14 周岁的儿童或者未达到性成熟程度的未成年女性

① 2001 年 1 月 24 日第 8733 号法律第 14 条新增本条第 2 款。

② 2001 年 1 月 24 日第 8733 号法律第 15 条修正。

进行异性或者同性性交的，处 7 年以上 15 年以下监禁。

如果该异性或者同性性交是行为人以与他人共谋的方式实施、不止一次地实施、以武力方式实施或者对受害未成年人的健康造成严重后果的，处 15 年以上 25 年以下监禁。

如果犯罪造成该未成年人死亡或者自杀的，处 20 年以上监禁。

第 101 条　使用暴力与 14 至 18 周岁的未成年人进行异性或者同性性交罪①

使用强制手段，与已达到性成熟程度的已满 14 周岁未满 18 周岁的未成年人进行异性或者同性性交的，处 5 年以上 15 年以下监禁。

如果该犯罪是行为人以与他人共谋的方式实施、不止一次地实施或者对受害未成年人的健康造成严重后果的，处 10 年以上 20 年以下监禁。

如果犯罪造成该未成年人死亡或者自杀的，处 20 年以上监禁。

第 102 条　以暴力与成年人性交罪②

使用强制手段与成年人性交的，处 3 年以上 10 年以下监禁。

如果该犯罪是行为人以与他人共谋的方式实施、不止一次地实施或者对受害未成年人的健康造成严重后果的，处 5 年以上 15 年以下监禁。

如果犯罪造成被害人死亡或者自杀的，处 10 年以上 20 年以下监禁。

---

① 2001 年 1 月 24 日第 8733 号法律第 16 条修正。

② 2001 年 1 月 24 日第 8733 号法律第 17 条修正本条第 1 款和第 2 款。

第 102 条 A　以暴力与成年人进行同性性交罪[1]

使用强制手段与成年人进行同性性交的，处 2 年以上 7 年以下监禁。

如果该犯罪是行为人以与他人共谋的方式实施、不止一次地实施或者对受害未成年人的健康造成严重后果的，处 5 年以上 10 年以下监禁。

如果犯罪造成被害人死亡或者自杀的，处 10 年以上 20 年以下监禁。

第 103 条　与无自卫能力的残疾人进行异性或者同性性交罪[2]

利用被害人在生理或者心理上的无能力状态或者以将被害人陷入无意识状态的手段，与之进行异性或者同性性交的，处 5 年以上 10 年以下监禁。

如果该犯罪是行为人以与他人共谋的方式实施、不止一次地实施或者对受害未成年人的健康造成严重后果的，处 7 年以上 15 年以下监禁。

如果犯罪造成被害人死亡或者自杀的，处 10 年以上 20 年以下监禁。

第 104 条　以使用武器相威胁手段实施异性或者同性性交罪[3]

以使用武器对被害人进行威胁为手段与之进行异性或者同性性交的，处 5 年以上 15 年以下监禁。

---

① 2001 年 1 月 24 日第 8733 号法律第 18 条新增。

② 2001 年 1 月 24 日第 8733 号法律第 19 条修正。

③ 2001 年 1 月 24 日第 8733 号法律第 20 条修正。

第 105 条　以滥用职权手段实施异性或者同性性交罪①

以滥用从属关系或者职权的方式与他人进行异性或者同性性交的，处 3 年以下监禁。

第 106 条　亲属之间或者监护人与被监护人之间实施异性或者同性性交罪②

父母子女之间、兄弟姐妹之间、兄弟之间、姐妹之间、其他直系亲属之间、存在监护关系或者收养关系的人之间实施异性或者同性性交的，处 7 年以下监禁。

第 107 条　在公共场所实施异性或者同性性交罪③

在公共场所或者暴露于人们视野中的场所实施异性或者同性性交的，构成违警罪，处罚金或者 1 年以下监禁。

第 108 条　实施猥亵行为罪④

与不满 14 周岁的未成年人实施猥亵行为的，处 5 年以下监禁。

第七节　侵犯人身自由罪

第 109 条　绑架或者控制他人作为人质罪⑤

为了获取财产或者任何其他利益、或者为实施某一犯罪创造有利条件、或者为了窝藏或者释放实施某一犯罪的实行犯或者共犯、或者为了逃避处罚、或者强迫满足特定的要求或者条件、或

① 2001 年 1 月 24 日第 8733 号法律第 21 条修正。

② 2001 年 1 月 24 日第 8733 号法律第 22 条修正。

③ 2001 年 1 月 24 日第 8733 号法律第 23 条修正。

④ 2001 年 1 月 24 日第 8733 号法律第 24 条修正。

⑤ 2001 年 1 月 24 日第 8733 号法律第 25 条修正；2004 年 9 月 16 日第 9275 号法律第 10 条修正。

者出于政治目的或者其他目的，绑架他人或者控制他人作为人质的，处20年以下监禁，并处200万列克以上500万列克以下罚金。

如果该行为是针对不满14周岁的未成年人实施的，处15年以上监禁，并处300万列克以上700万列克以下罚金。

在绑架或者控制不满14周岁的人作为人质时先行实施了或者伴随实施了生理或者心理折磨，如果属于针对多人实施或者不止一次地实施的，处20年以上监禁；如果致人死亡的，处终身监禁，并处500万列克以上1000万列克以下罚金。

第109条A　具有减轻情节的绑架或者控制他人作为人质罪①

如果行为人在犯罪目的未实现的情况下于绑架或者控制人质之日起满7日之前释放被绑架人或者被控制人，并且未对被害人实施酷刑以及未造成其他健康损害的，处3年以上5年以下监禁。

第109条B　以威胁或者暴力手段强迫他人交付财产罪②

以威胁或者暴力手段强迫他人实施或者不实施特定行为，以为自己或者第三人非法获取财产或者任何其他利益的，处2年以上8年以下监禁，并处60万列克以上300万列克以下罚金。

以使用或者威胁使用武器、酷刑、对健康造成损害的不人道行为或者有辱人格行为为手段实施本罪的，处7年以上15年以下监禁，并处200万列克以上500万列克以下罚金。

如果该行为导致死亡后果的，处终身监禁，并处500万列克以上1000万列克以下罚金。

---

① 2001年1月24日第8733号法律第26条新增。

② 2004年9月16日第9275号法律第11条新增。

第 110 条 非法剥夺自由罪[①]

非法地剥夺他人的人身自由的，构成违警罪，处罚金或者 1 年以下监禁。

如果该行为的实施伴随有剧烈的身体痛苦、以合谋的方式实施、针对多人实施或者不止一次地实施的，处 3 年以上 7 年以下监禁。

第 110 条 A 贩卖人口罪[②]

以威胁、使用暴力或者其他形式的强制、劫持、欺骗、滥用职权、滥用社会地位优势、滥用身体优势、滥用心理优势给予或者承诺给予对被害人有支配权的人以报酬或者其他利益获取其同意的手段，招募、运送、中转、隐藏、接收人口，意图使其从事卖淫或者其他形式的性行为营利、强制工作或者强制服务、成为奴隶或者受类似形式的奴役、利用或者移植其器官或者进行其他形式的利用的，处 5 年以上 15 年以下监禁，并处 200 万列克以上 500 万列克以下罚金。

组织、领导、注资于贩卖人口行为的，处 7 年以上 15 年以下监禁，并处 400 万列克以上 600 万列克以下罚金。

如果行为以与他人共谋的方式实施、不止一次地实施、有对被害人实施虐待的情节、有对被害人使用身体或者精神强制迫使其实施各种行为的情节或者对被害人的健康造成严重后果的，处 15 年以上监禁，并处 600 万列克以上 800 万列克以下罚金。

如果该行为导致被害人死亡之后果的，处 20 年以上监禁或者终身监禁，并处 700 万列克以上 1000 万列克以下罚金。

如果犯罪行为是通过利用国家职权或者公共服务的方式实施

---

① 2001 年 1 月 24 日第 8733 号法律第 27 条修正。

② 2004 年 2 月 12 日第 9188 号法律第 1 条修正。

的，在前述监禁和罚金的基础上加重 1/4 处刑。

第 111 条　劫持航空器、船舶或者其他交通工具罪

使用武力或者以使用武器或者其他工具相威胁的手段，占有并控制其中有人的航空器、船舶或者其他交通工具的，处 10 年以上 20 年以下监禁。

第 112 条　侵入住宅罪

在未获他人同意的情况下进入或者停留于其住宅的，构成违警罪，处 3 个月以下监禁。

如果行为是以使用武力或者以使用武器进行威胁的手段实施的，构成违警罪，处罚金或者 1 年以下监禁。

第八节　侵害风化和尊严罪

第 113 条　卖淫罪

从事卖淫的，处罚金或者 3 年以下监禁。

第 114 条　意图营利使人卖淫罪①

怂恿卖淫，或者在卖淫中实施居间或者收受报酬行为的，处罚金或者 5 年以下监禁。

第 114 条 A　具有加重情节的意图营利使人卖淫罪②

意图营利使人卖淫具有下列情节的：

1. 针对未成年人实施的。
2. 针对多人实施的。
3. 针对存在血亲、姻亲、监护关系的人实施或者利用公务

---

① 1998 年 1 月 15 日第 8279 号法律第 2 条修正本条条旨并废止本条第 2 款。

② 1998 年 1 月 15 日第 8279 号法律新增本条第 2 项；2001 年 1 月 24 日第 8733 号法律修正本条第 6 项。

关系实施的。

4. 以欺骗、强制、暴力或者利用被害人的身体或者精神障碍实施的。

5. 针对受强制或者胁迫离开阿尔巴尼亚共和国领域到境外卖淫的人实施的。

6. 以共谋的方式实施、不止一次地实施或者由担任国家职务或者公共职务的人实施的。

处 7 年以上 15 年以下监禁。

第 114 条 B　贩卖妇女罪[①]

以威胁、使用暴力或者其他形式的强制、劫持、欺骗、滥用职权、滥用社会地位优势、滥用身体优势、滥用心理优势给予或者承诺给予对被害人有支配权的人以报酬或者其他利益获取其同意的手段，招募、运送、中转、隐藏、接收妇女，意图使其从事卖淫或者其他形式的性行为营利、强制工作或者强制服务、成为奴隶或者受类似形式的奴役、利用或者移植其器官或者进行其他形式的利用的，处 7 年以上 15 年以下监禁，并处 300 万列克以上 600 万列克以下罚金。

组织、领导、资助贩卖妇女行为的，处 10 年以上 15 年以下监禁，并处 500 万列克以上 700 万列克以下罚金。

如果行为以与他人共谋的方式实施、不止一次地实施、有对被害人实施虐待的情节、有对被害人使用身体或者精神强制迫使其实施各种行为的情节或者对被害人的健康造成严重后果的，处 15 年以上监禁，并处 600 万列克以上 800 万列克以下罚金。

---

① 2004 年 2 月 12 日第 9188 号法律第 2 条修正。

如果该行为导致被害人死亡之后果的，处20年以上监禁或者终身监禁，并处700万列克以上1000万列克以下罚金。

如果犯罪行为是通过利用国家职权或者公共职务的方式实施的，在前述监禁和罚金的基础上加重1/4处刑。

第115条　经营卖淫场所罪

管理、利用、资助、出租卖淫场所的，处罚金或者10年以下监禁。

第116条　同性恋罪（废止）[①]

第117条　淫秽物品罪[②]

制作、提供、宣传、进口、销售或者在未成年人聚集场所公开淫秽物品的，构成违警罪，处罚金或者2年以下监禁。

使用未成年人制作淫秽物品，或者在互联网上或者以其他形式提供或者公开此种淫秽物品的，处1年以上5年以下监禁，并处100万列克以上500万列克以下罚金。

第118条　亵渎墓地罪

亵渎墓地或者坟墓、发掘尸体、夺取放置于坟墓中的物品或者实施其他不尊重逝者的行为的，处罚金或者5年以下监禁。

第119条　侮辱罪[③]

故意侮辱他人的，构成违警罪，处罚金或者6个月以下监禁。

如果行为被公开地实施、针对多人实施或者不止一次地实施的，构成违警罪，处罚金或者1年以下监禁。

---

① 2001年1月24日第8733号法律第31条废止本条。

② 2008年1月21日第9859号法律第1条新增本条第2款。

③ 2001年1月24日第8733号法律第32条修正本条第2款。

第 119 条 A　通过计算机系统散布种族主义和排外资料罪①

利用计算机系统公开提供或者故意公开散布包含种族主义或者排外内容的材料的，处罚金或者 2 年以下监禁。

第 119 条 B　通过计算机系统实施基于种族主义和排外动机的侮辱罪②

基于族群、民族、种族、宗教原因，利用计算机系统故意地公开侮辱他人的，构成违警罪，处罚金或者 2 年以下监禁。

第 120 条　诽谤罪③

故意散布明知是虚假的谣言或者任何其他信息，侵害他人的名誉和尊严的，构成违警罪，处罚金或者 1 年以下监禁。

如果行为被公开地实施、针对多人实施或者不止一次地实施的，构成违警罪，处罚金或者 2 年以下监禁。

第 121 条　不正当地侵入私生活罪

在未获得他人同意的情况下，安装用于收听或者录制言语或者图像的设备，或者偷听、录制、传播他人的言语，或者固定、录制、传播他人的图像，或者出于公布目的而存储或者公布曝光他人私生活情况的资料的，构成违警罪，处罚金或者 2 年以下监禁。

第 122 条　散布个人隐私罪

对因为其职责或者职业所获取的属于他人私生活的秘密，在有义务不传播的情况下，未经授权地予以散布的，构成违警罪，处罚金或者 1 年以下监禁。

如果该行为是出于牟利或者给他人造成损害的目的而实施

① 2008 年 11 月 27 日第 10023 号法律第 13 条新增。

② 2008 年 11 月 27 日第 10023 号法律第 13 条新增。

③ 2001 年 1 月 24 日第 8733 号法律第 33 条修正本条第 2 款。

的，构成违警罪，处罚金或者2年以下监禁。

第123条　妨碍或者侵犯通信秘密罪

故意地毁坏、不投递、开拆、阅读信件或者任何其他函件，或者妨碍、监控、窃听通过电话、电报或者任何其他通信工具进行的谈话的，构成违警罪，处罚金或者2年以下监禁。

第九节　侵害儿童、婚姻和家庭罪

第124条　遗弃未成年子女罪①

父母或者其他有照顾义务的人遗弃不满16周岁的子女的，处罚金或者3年以下监禁。

如果该行为对子女造成严重的健康损害或者致其死亡的，处3年以上10年以下监禁。

第124条A　在收养程序中索要或者收受报酬罪②

索取、提议给予、给予或者收受报酬或者其他利益，以实施或者不实施与未成年人收养程序有关的行为的，处7年以下监禁，并处30万列克以上300万列克以下罚金。

第124条B　虐待未成年人罪③

对未成年人有照料义务的人对该未成年人实施身体或者精神折磨的，处3个月以上2年以下监禁。

强迫未成年人工作或者以乞讨或者实施有害其成长的活动获取收入的，处4年以下监禁，并处5万列克以上100万列克以下罚金。

① 2001年1月24日第8733号法律第34条修正本条第1款。

② 2003年6月19日第9086号法律第5条新增。

③ 2008年1月21日第9859号法律第2条新增。

如果该行为对未成年人造成严重的健康损害或者致其死亡的，处10年以上20年以下监禁。

第125条　拒绝供养罪

依据法院判决有供养义务的人拒绝供养子女、父母、配偶的，构成违警罪，处罚金或者1年以下监禁。

第126条　不告知住宅变更罪

根据法院判决有义务供养子女、父母、配偶的人或者在离婚后负责照料子女的人，不在住所变更后1个月内向利害关系人或者执法机关报告的，构成违警罪，处3个月以下监禁。

第127条　非法夺取儿童罪

非法地将儿童从对其行使亲权的人或者受委托对之进行教育或者养育的人那里夺走，或者违反法院判决留置儿童不交给其他监护人的，构成违警罪，处罚金或者6个月以下监禁。

第128条　过失调换儿童罪

儿童养育、治疗机构或者产科医院的工作人员过失地导致儿童被调换的，构成违警罪，处罚金或者2年以下监禁。

第128条A　故意藏匿或者调换儿童罪①

医疗工作人员故意地隐藏或者调换儿童的，处3年以上8年以下监禁。

第128条B　贩卖未成年人罪②

招募、运送、中转、隐藏、接收未成年人，意图使其从事卖淫或者其他形式的性行为营利、强制工作或者强制服务、成为奴隶或者受类似形式的奴役、利用或者移植其器官或者进行其他形式的利用的，处7年以上15年以下监禁，并处400万列克以上

① 2001年1月24日第8733号法律第35条新增。

② 2004年2月12日第9188号法律第3条修正。

600万列克以下罚金。

组织、领导、资助贩卖未成年人行为的，处10年以上20年以下监禁，并处600万列克以上800万列克以下罚金。

如果行为以与他人共谋的方式实施、不止一次地实施、有对被害人实施虐待的情节、有对被害人使用身体或者精神强制迫使其实施各种行为的情节或者对被害人的健康造成严重后果的，处15年以上监禁，并处600万列克以上800万列克以下罚金。

如果该行为导致被害人死亡之后果的，处20年以上监禁或者终身监禁，并处800万列克以上1000万列克以下罚金。

如果犯罪行为是通过利用国家职权或者公共职务的方式实施的，在前述监禁和罚金的基础上加重1/4处刑。

第129条　引诱未成年人犯罪罪

怂恿或者鼓励不满14周岁的未成年人实施犯罪行为的，处5年以下监禁。

第130条　强迫或者阻碍同居或者离婚罪

强迫、妨碍开始同居或者继续同居，或者强迫离婚的，构成违警罪，处3个月以下监禁。

第十节　侵犯宗教自由罪

第131条　阻碍宗教组织活动罪

禁止宗教组织的活动，或者对宗教组织自由从事其活动设置障碍的，处罚金或者3年以下监禁。

第132条　损毁礼拜物品罪

故意毁灭或者破坏礼拜物品，造成其全部或者部分价值受损的，处罚金或者3年以下监禁。

第 133 条　阻碍宗教仪式罪

对参加宗教仪式或者自由表达宗教信仰的行为予以禁止或者设置障碍的，构成违警罪，处罚金或者 1 年以下监禁。

第三章　侵犯财产和经济秩序罪

第一节　夺取财产罪

第 134 条　夺取罪[①]

夺取财物的，处 3 个月以上 3 年以下监禁。

如果该行为是以共谋的方式实施或者不止一次地实施的，处 6 个月以上 5 年以下监禁。

如果该行为导致严重后果的，处 4 年以上 10 年以下监禁。

第 135 条　以滥用职权为手段的夺取罪

如果夺取罪是由负责保管财产的人实施的或者以滥用职权的方式实施的，处 10 年以下监禁。

第 136 条　夺取银行或者储蓄现金罪[②]

对银行或者储蓄现金实施夺取行为的，处 5 年以上 15 年以下监禁。

如果该行为以共谋的方式实施、不止一次地实施或者导致严

① 2004 年 9 月 16 日第 9275 号法律第 12 条修正。

② 2001 年 1 月 24 日第 8733 号法律第 37 条新增本条第 2 款。

重后果的，处10年以上20年以下监禁。

第137条　夺取电线或者电话线罪①

非法接入电网的，构成违警罪，处2年以下监禁。

盗窃电线或者电话线的，处3年以下监禁。

第138条　夺取艺术文化作品罪

夺取艺术作品或者文化作品的，处罚金或者5年以下监禁。

夺取具有国家意义的艺术作品或者文化作品的，处5年以上10年以下监禁。

第138条A　贩卖艺术文化作品罪②

出于获取物质利益或者其他利益的目的，违反艺术文化作品法律的规定进口、出口、运送、交易艺术文化作品的，处3年以上10年以下监禁。

如果该行为以共谋的方式实施、不止一次地实施或者导致严重后果的，处5年以上15年以下监禁。

第139条　暴力夺取罪

使用武力夺取财物的，处5年以上15年以下监禁。

第140条　使用武器夺取罪③

持有或者使用武器、军用弹药实施夺取行为的，处10年以上20年以下监禁。

第141条　致人死亡的夺取罪④

如果夺取行为致人死亡的，处15年以上25年以下监禁或者

---

① 2001年1月24日第8733号法律第38条新增本条第1款；2008年11月27日第10023号法律第14条修正本条第2款。

② 2001年1月24日第8733号法律第39条新增。

③ 2001年1月24日第8733号法律第40条修正；2007年2月26日第9686号法律第11条修正。

④ 2001年1月24日第8733号法律第79条修正。

终身监禁。

第141条A 贩卖被夺取机动车罪[①]

出于获取物质利益或者其他利益的目的，违反法律规定进口、出口、运送、交易被夺取的机动车辆的，处3年以上7年以下监禁。

如果该行为以共谋的方式实施、不止一次地实施或者导致严重后果的，处5年以上15年以下监禁。

第142条 为夺取提供工具罪

为实施夺取行为提供条件或者物质设备的，处3年以下监禁。

第二节 诈骗罪

第143条 诈骗罪[②]

以欺诈或者滥用信任的方式实施夺取行为的，处罚金或者5年以下监禁。

如果该行为以与他人共谋的方式实施、针对多人实施或者不止一次地实施的，处3年以上10年以下监禁；如果导致严重后果的，处10年以上20年以下监禁。

第143条A 金字塔式借贷诈骗罪[③]

出于获取物质利益的目的，组织或者运作金字塔式欺诈借贷计划的，处3年以上10年以下监禁。

如果该行为导致严重后果的，处10年以上20年以下监禁。

---

① 2001年1月24日第8733号法律第41条新增。

② 2001年1月24日第8733号法律第42条新增本条第2款。

③ 2001年1月24日第8733号法律第43条新增。

第 144 条　补助金诈骗罪

在申请文书上弄虚作假，不正当地获取国家的补助金的，处罚金或者 4 年以下监禁。

第 145 条　保险诈骗罪

提供与保险标的有关的虚假情况，或者编造虚假的情况并且记载于文书中，以便不正当地获得保险金的，处罚金或者 5 年以下监禁。

第 146 条　信贷诈骗罪

出于不归还贷款的目的，通过在财产登记机构对不存在的财产、超出财产的真实价值或者属于他人的财产进行虚假登记的手段，提交存在欺诈的文书欺诈性地获得信贷的，处罚金或者 7 年以下监禁。

第 147 条　艺术文化作品诈骗罪①

以提供并非原作或者非真实作者所作的艺术文化作品的欺诈手段获取财产的，处罚金或者 4 年以下监禁。

第 148 条　署名本人发表他人作品罪②

以本人的名义出版或者使用他人的文学作品、音乐作品、艺术作品、科学作品的全部或者部分的，构成违警罪，处罚金或者 2 年以下监禁。

第 149 条　非法复制他人作品罪③

在未获得作者同意的情况下，复制或者使用他人的文学作品、音乐作品、艺术作品、科学作品的全部或者部分，侵害其人身权或者财产权的，构成违警罪，处罚金或者 2 年以下监禁。

---

① 2001 年 1 月 24 日第 8733 号法律第 44 条修正。

② 2001 年 1 月 24 日第 8733 号法律第 45 条修正。

③ 2001 年 1 月 24 日第 8733 号法律第 46 条修正。

第三节　毁坏财物罪

第 150 条　毁坏财物罪

故意毁灭或者破坏财产，造成严重的物质后果的，处罚金或者 3 年以下监禁。

第 151 条　以放火手段毁坏财物罪

以放火的方式故意毁灭或者破坏财产的，处罚金或者 5 年以下监禁。

如果该行为导致严重的物质后果的，处 10 年以下监禁。

如果该行为对人的生命或者健康造成严重后果的，处 5 年以上 15 年以下监禁。

第 152 条　以爆炸手段毁坏财物罪

以爆炸的方式故意毁灭或者破坏财产的，处罚金或者 5 年以下监禁。

如果该行为导致严重的物质后果的，处 5 年以上 10 年以下监禁。

如果该行为对人的生命或者健康造成严重后果的，处 10 年以上 20 年以下监禁。

第 153 条　以决水手段毁坏财物罪

以决水的方式故意毁灭或者破坏财产的，处罚金或者 5 年以下监禁。

如果该行为导致严重的物质后果的，处 5 年以上 10 年以下监禁。

如果该行为对人的生命或者健康造成严重后果的，处 5 年以上 15 年以下监禁。

第 154 条　以其他手段毁坏财物罪

以可能对周围环境或者人的生命构成危险的其他方式故意毁灭或者破坏财产的，处罚金或者 5 年以下监禁。

如果该行为导致严重的物质后果的，处 5 年以上 10 年以下监禁。

如果该行为对人的生命或者健康造成严重后果的，处 5 年以上 15 年以下监禁。

第 155 条　破坏道路罪

故意毁灭或者破坏公路、铁路或者与之有关的工程的，处罚金或者 7 年以下监禁。

如果该行为导致严重的物质后果的，处 3 年以上 10 年以下监禁。

如果该行为对人的生命或者健康造成严重后果的，处 5 年以上 15 年以下监禁。

第 156 条　破坏电网罪①

故意毁灭或者破坏电力网络、电报网络、电话网络、电视网络或者其他通信网络的，处罚金或者 3 年以下监禁。

如果该行为以与他人共谋的方式实施、不止一次地实施或者造成严重后果的，处 3 年以下监禁。

第 157 条　破坏灌溉系统罪

故意毁灭或者破坏灌溉和排水系统及其相关工程的，构成违警罪，处罚金或者 2 年以下监禁。

第 158 条

以变更水管路线，打开堤坝，阻碍或者封闭排水或者引水渠

---

① 2008 年 11 月 27 日第 10023 号法律第 16 条新增第 2 款。

道、水管线路或者其他工程的方式，不正当地进行水管理活动的，构成违警罪，处罚金或者 2 年以下监禁。

第 159 条　破坏供水系统罪[①]

出于获取饮用水的目的，在未经许可的情况下对供水网路进行接入或者实施其他干扰的，构成违警罪，处罚金或者 2 年以下监禁。

故意地破坏供水系统的，处 5 年以下监禁。

第 160 条　破坏文化作品罪

故意毁灭或者破坏文化作品的，处罚金或者 3 年以下监禁。

故意毁灭或者破坏具有国家意义的文化作品的，处罚金或者 2 年以上 8 年以下监禁。

第 161 条　过失毁坏财物罪

过失毁灭或者损坏财产，造成严重物质后果的，处罚金或者 3 年以下监禁。

第 162 条　过失造成公共交通工具事故罪

过失地造成火车、船舶、航空器事故，导致碰撞、燃烧、沉没、倾覆、脱轨或者导致严重的物质后果的，处罚金或者 5 年以下监禁。

第四节　公司犯罪

第 163 条　编制虚假报表罪

在增加公司资本时，编制与持股人的初始资本份额分配和资金支出或者收入有关的虚假报表的，构成违警罪，处罚金。

---

① 2008 年 11 月 27 日第 10023 号法律第 17 条修正。

第 164 条　滥用权限罪

滥用公司董事会成员或者经理的权限，以便谋取利益或者帮助他在其中存在利益的其他公司的，处罚金或者 5 年以下监禁。

第 164 条 A　私营部门中的行贿罪①

为自己或者第三人，亲自或者通过中间人，向在私营部门担任领导职务或者任何其他职务的人许诺给予、提议给予、实际给予任何种类的不正当利益，以使其违背职责实施或者不实施一定行为的，构成违警罪，处 3 个月以上 2 年以下监禁，并处 20 万列克以上 100 万列克以下罚金。

第 164 条 B　私营部门中的受贿罪②

在私营部门担任领导职务或者任何其他职务的人，为自己或者第三人，亲自或者通过中间人，要求给予、实际收受不正当利益，或者接受给予不正当利益的提议或者许诺，以作为违背职责实施或者不实施一定行为的对价的，处 6 个月以上 3 年以下监禁，并处 30 万列克以上 300 万列克以下罚金。

第 165 条　伪造签名罪

伪造公司资金支出及有关签名、虚假披露公司资金收入情况、签名并为此向虚构人员付款、对捐助款作出高于其实际价值的记载的，处罚金或者 5 年以下监禁。

第 166 条　违规发行股票罪

公司在尚未登记、非法进行登记、手续尚未齐全的情况下违规发行股票，或者在增加资本但尚未为之变更章程、尚未登记、非法进行登记的情况下违规发行股票的，构成违警罪，处 3 个月以下监禁。

---

① 2004 年 9 月 16 日第 9275 号法律第 13 条新增。

② 2004 年 9 月 16 日第 9275 号法律第 13 条新增。

第 167 条　不正当地兼具股东和注册会计师双重身份罪

不正当地同时兼具股东和注册会计师双重身份的，构成违警罪，处罚金或者 6 个月以下监禁。

第 168 条　提供虚假报告罪

公司的注册会计师提供有关公司状况的虚假信息，或者不向主管机关报告所发生的犯罪并且不存在本法典第 300 条所规定的不追究刑事责任的情节的，处罚金或者 5 年以下监禁。

第 169 条　泄露公司秘密罪

注册会计师在未经法律许可的情况下泄露公司秘密的，构成违警罪，处罚金或者 2 年以下监禁。

第 170 条　不偿付有约束力的票据罪

公司经理或者清算人拒不偿付有约束力的票据的，构成违警罪，处罚金。

第 170 条 A　非法雇工罪①

在未向主管机关登记或者未根据规定提供雇员保险金保证的情况下雇工，并且此前曾经因为此种行为受到过行政处罚的，构成违警罪，处 10 万列克以下罚金或者 1 年以下监禁。

负责有关规定的执行和监督的人员故意地放任或者掩饰与雇工或者社会保险有关的违法行为的，构成违警罪，处 10 万列克以下罚金或者 2 年以下监禁。

第 170 条 B　以暴力手段非法竞争罪②

在从事商业活动的过程中，以威胁或者暴力手段实施竞争行

---

① 1998 年 1 月 15 日第 8279 号法律第 2 条新增；2001 年 1 月 24 日第 8733 号法律第 47 条修正。

② 2004 年 9 月 16 日第 9275 号法律第 14 条新增；2007 年 2 月 26 日第 9686 号法律第 12 条修正本条第 1 款。

为的，处 1 年以上 4 年以下监禁。

如果该竞争行为针对国家或者公法人以任何方式全部或者部分注资于其中的活动实施的，前款所规定的监禁加重 1/3。

第五节　海关犯罪

第 171 条　走私违禁物品罪

以任何工具或者方法，进口、出口、过境运送违禁物品进入或者离开阿尔巴尼亚共和国的，处 10 年以下监禁。

第 172 条　走私应缴纳消费税的物品罪

以从海关关口以外的地点通过，全部或者部分隐瞒，不如实申报关税，虚报物品的性质、种类、品质、价格、用途或者意图偷逃关税的其他方式，进口、出口、过境运送需要缴纳消费税的物品的，处罚金或者 7 年以下监禁。

第 173 条　走私应获特许的物品罪

以从海关关口以外的地点通过，全部或者部分隐瞒，不如实申报关税，虚报物品的性质、种类、品质、价格、用途或者意图偷逃关税的其他方式，进口、出口、过境运送需要获得主管机关特许的物品的，处罚金或者 5 年以下监禁。

第 174 条　走私其他物品罪

以从海关关口以外的地点通过，全部或者部分隐瞒，不如实申报关税，虚报物品的性质、种类、品质、价格、用途或者意图偷逃关税的其他方式，进口、出口、过境运送其他物品的，处罚金或者 5 年以下监禁。

第 175 条 与海关事务有关的雇员走私罪[①]

海关雇员或者与海关事务有关的雇员亲自或者与他人共谋走私的，处 3 年以上 10 年以下监禁。

第 176 条 走私具有文化价值的物品罪

违反有关法律规定进口、出口、过境运送具有国家文化价值的物品的，处 10 年以下监禁。

第 177 条 走私具有中间产品地位的物品罪[②]

出于偷逃关税的目的，进口、出口、过境运送视为中间产品的物品的，处罚金或者 5 年以下监禁。

第 178 条 交易或者运输走私物品罪[③]

对明知是走私的物品而予以交易、转让、运输，或者对参与此类行为的人提供任何其他帮助的，处罚金或者 3 年以下监禁。

第 179 条 储存或者保管走私物品罪

明知是走私的物品而予以储存、保管、持有、加工的，处罚金或者 3 年以下监禁。

第 179 条 A 携带现金或者其他有价物品不申报罪[④]

进出阿尔巴尼亚领域时，在所携带的现金、任何形式的银行票据、贵重金属、宝石或者任何其他有价物品超出法律规定的价值时不申报的，构成违警罪，处罚金或者 2 年以下监禁。

① 2001 年 1 月 24 日第 8733 号法律第 48 条修正。

② 世界上大多数国家在关税结构方面都有一个显著特点就是关税税率随产品加工程度的逐渐深化而不断提高，即制成品的关税税率比中间产品的关税税率高，而中间产品的关税税率高于初级产品的关税税率。——译者注

③ 2001 年 1 月 24 日第 8733 号法律第 49 条修正。

④ 2003 年 6 月 19 日第 9086 号法律第 6 条新增。

第六节　税收犯罪

第 180 条　隐瞒收入罪

对收入或者其他应税对象予以隐瞒或者虚假说明，并且此前曾经因此被给予行政处罚的，构成违警罪，处罚金或者 2 年以下监禁。

第 181 条　不纳税罪

尽管有能力支付但不在规定的期限内缴纳税款，并且曾经为此目的被给予行政处罚的，处罚金或者 3 年以下监禁。

第 181 条 A　税务人员不履行职责罪①

税务机关职员或者受指派负责征税的其他公务员不在法定期间内征收税款，如果对之存在过错并且对国家造成的损失低于 100 万列克的，处 200 万列克以下罚金；如果损失的价值超过 100 万列克的，处 3 年以上 10 年以下监禁。

第 182 条　更改计税量测装置罪

出于避免足额纳税的目的，变更或者干扰量测装置或者量测计数器，或者使用被更改的量测装置或者量测计数器，或者准许他人使用不合乎规范的量测装置或者量测计数器的，构成违警罪，处罚金或者 2 年以下监禁。

第七节　伪造货币和证券罪

第 183 条　伪造货币罪②

伪造货币或者流通伪造的货币的，处 5 年以下监禁。

---

① 1998 年 1 月 15 日第 8279 号法律第 2 条新增。

② 2001 年 1 月 24 日第 8733 号法律第 50 条修正。

如果该行为以与他人共谋的方式实施、不止一次地实施或者造成严重后果的，处5年以上15年以下监禁。

第184条　伪造有价证券罪①

伪造支票、汇票、信用卡、旅行支票或者其他有价证券，或者将伪造的此类有价证券投入流通的，处5年以下监禁。

如果该行为以与他人共谋的方式实施、不止一次地实施或者造成严重后果的，处3年以上10年以下监禁。

第185条　制作用于伪造的工具罪②

制作或者持有用于伪造货币、支票、汇票、信用卡、旅行支票或者其他有价证券的工具的，处罚金或者1年以上3年以下监禁。

如果该行为以与他人共谋的方式实施、不止一次地实施或者造成严重后果的，处3年以上10年以下监禁。

第八节　伪造文书罪

第186条　伪造公文罪③

伪造文书或者使用伪造的文书的，处3年以下监禁，并处20万列克以上60万列克以下罚金。

如果该行为以与他人共谋的方式实施、不止一次地实施或者造成严重后果的，处6个月以上4年以下监禁，并处30万列克以上100万列克以下罚金。

如果伪造行为是由负责签发文书的人实施的，处1年以上7

---

① 2001年1月24日第8733号法律第51条修正。

② 2001年1月24日第8733号法律第52条新增本条第2款。

③ 2004年2月12日第9188号法律第4条修正。

年以下监禁，并处50万列克以上200万列克以下罚金。

第186条A　伪造计算机数据罪[①]

在无正当理由的情况下，写入、变更、删除、移除计算机数据，以产生外观相似的虚假数据并且作为真实的数据进行使用，如果所产生的数据能被直接阅读或者理解的，处6个月以上6年以下监禁。

如果该行为是由保管计算机数据的人实施、以与他人共谋的方式实施、不止一次地实施或者对公共利益造成严重后果的，处3年以上10年以下监禁。

第187条　伪造学校文书罪

伪造学校文书或者使用伪造的学校文书的，处罚金或者3年以下监禁。

如果伪造行为是由负责签发该文书的人实施的，处罚金或者5年以下监禁。

第188条　伪造医疗文书罪

伪造医疗文书或者使用伪造的医疗文书的，处罚金或者3年以下监禁。

如果伪造行为是由负责签发该文书的人实施的，处罚金或者5年以下监禁。

第189条　伪造身份证、护照、签证罪[②]

伪造身份证、护照、签证或者使用伪造的身份证、护照、签证的，处6个月以上4年以下监禁，并处40万列克以上100万列克以下罚金。

如果该行为以与他人共谋的方式实施、不止一次地实施或者

---

① 2008年11月27日第10023号法律第18条新增。

② 2004年2月12日第9188号法律第5条修正。

造成严重后果的，处6个月以上5年以下监禁，并处60万列克以上200万列克以下罚金。

如果伪造行为是由负责签发身份证、护照、签证的人实施的，处3个以上7年以下监禁，并处100万列克以上300万列克以下罚金。

第190条 伪造印章、标志、申请表罪①

伪造印章、标志、申请表，或者使用伪造的印章、标志、申请表，或者在向国家机关提交的申请表中提供虚假信息的，处6个月以上4年以下监禁，并处40万列克以上100万列克以下罚金。

如果该行为以与他人共谋的方式实施、不止一次地实施或者造成严重后果的，处6个月以上5年以下监禁，并处60万列克以上200万列克以下罚金。

如果伪造行为是由有资格制作这些印章、标志、申请表的人实施的，处3年以上7年以下监禁，并处100万列克以上300万列克以下罚金。

第191条 伪造民事登记罪②

伪造民事登记或者使用伪造的民事登记的，处3个月以上2年以下监禁，并处30万列克以上60万列克以下罚金。

如果该行为以与他人共谋的方式实施、不止一次地实施或者造成严重后果的，处6个月以上4年以下监禁，并处50万列克以上100万列克以下罚金。

如果伪造行为是由负责实施登记的人实施的，处1年以上5

---

① 2004年2月12日第9188号法律第6条修正；2004年9月16日第9275号法律第15条修正。

② 2004年2月12日第9188号法律第7条修正。

年以下监禁，并处100万列克以上300万列克以下罚金。

第192条　制作用于伪造文书的工具罪

制作或者持有用于伪造文书的工具的，构成违警罪，处罚金或者2年以下监禁。

第192条A　毁坏或者盗取文书罪①

违反法律规定的条件以任何方式毁坏档案馆和图书馆中的文书，或者隐匿、盗取具有特别重要价值的文书的，处罚金或者3年以下监禁。

盗取具有特别重要价值的档案馆文书和图书馆文书，或者违反法律规定的条件将其出口的，处罚金或者5年以下监禁。

第192条B　干扰计算机传输罪②

以破坏安全措施的方式，未经授权地进入或者超越授权地进入计算机系统或者其组成部分的，处罚金或者3年以下监禁。

如果行为针对军事的、国家安全的、社会治安的、民防的、卫生的或者任何其他具有公共重要性的计算机系统实施的，处3年以上10年以下监禁。

第九节　破产犯罪

第193条　故意造成破产罪

故意地导致法人陷入破产状态的，处罚金或者3年以下监禁。

---

① 2001年1月24日第8733号法律第53条新增。

② 2001年1月24日第8733号法律第53条新增；2008年11月27日第10023号法律第19条修正。

第194条　隐瞒破产状况罪

法人与第三人建立经济交易关系以隐瞒其破产状态的，处罚金或者5年以下监禁。

第195条　破产后隐匿财产罪

法人在破产后隐匿财产以逃避破产后果的，处罚金或者7年以下监禁。

第196条　不履行破产债务罪

法人不履行因为破产所引起的债务的，构成违警罪，处罚金或者2年以下监禁。

第十节　非法博彩和赌博罪

第197条　组织非法博彩罪

违反法律规定组织博彩、射幸游戏或者赌博的，构成违警罪，处3个月以下监禁。

第197条A　预定体育比赛结果罪①

违背公平竞赛原则，实施作为或者不作为预定国内或者国际体育比赛的结果的，构成违警罪，处50万列克以上300万列克以下罚金或者3个月以上2年以下监禁。

如果该行为是出于获取财产的目的实施的，处2年以上7年以下监禁，并处200万列克以上1000万列克以下罚金。

第197条B　在体育比赛中使竞争失真罪②

体育比赛的参与者通过使用违禁物质的手段使竞争失真的，构成违警罪，处罚金或者2年以下监禁。

---

① 2008年11月27日第10023号法律第20条新增。

② 2008年11月27日第10023号法律第20条新增。

第 198 条　提供进行非法赌博的场地罪

提供用于组织或者实施博彩、射幸游戏或者赌博的场所的，构成违警罪，处罚金或者 6 个月以下监禁。

第十一节　违反土地法律制度罪

第 199 条　滥用土地罪

违背预定用途滥用土地的，构成违警罪，处罚金或者 6 个月以下监禁。

第 200 条　非法占有土地罪

非法占有土地的，构成违警罪，处罚金或者 2 年以下监禁。

第四章　危害环境罪

第 201 条　污染空气罪

以超过允许的限度释放烟雾、有害气体或者其他有毒的或者有放射性的物质，如果超出行政违法行为界限的，构成违警罪，处罚金或者 2 年以下监禁。

如果该行为对人的生命或者健康造成严重后果的，处 10 年以下监禁。

第 202 条　运输危险废物罪

在阿尔巴尼亚领域内运输、中转、储存有害废物或者有放射性废物的，处 1 年以上 5 年以下监禁。

如果该行为对人的生命或者健康造成严重后果的，处 5 年以上 15 年以下监禁。

第 203 条　污染水体罪

以有毒物质、放射性物质或者其他破坏生态平衡的物质，污染海洋、河流、湖泊或者储水或者供水网络的源头的，处 1 年以上 5 年以下监禁。

如果该行为对人的生命或者健康造成严重后果的，处 5 年以上 10 年以下监禁。

第 204 条　违禁捕捞罪

在禁止的期间、禁止的地点或者使用禁用的方法进行捕捞的，构成违警罪，处 3 个月以下监禁。

使用爆炸、投毒等危及公共安全的方法捕捞的，构成违警罪，处罚金或者 2 年以下监禁。

第 205 条　非法砍伐林木罪

在未获许可的情况下或者在禁止的期间、禁止的地点砍伐或者毁坏森林，如果超出行政违法行为界限的，构成违警罪，处罚金或者 1 年以下监禁。

第 206 条　砍伐景观树或者果树罪

砍伐景观树，或者损毁城市中的花园或者公园的，构成违警罪，处罚金。

在砍伐申请被主管机关拒绝之后，仍然砍伐位于果园、橄榄园、果园中的树木的，构成违警罪，处 3 个月以下监禁。

第 206 条 A　以放火手段破坏森林或者林地环境罪[①]

故意地以放火的手段毁灭或者破坏森林、林木苗圃、林地或

① 2008 年 11 月 27 日第 10023 号法律第 22 条新增。

者类似地点的树丛，造成严重的物质后果的，处 3 年以上 5 年以下监禁，并处 50 万列克以上 100 万列克以下罚金。

如果行为是出于改变土地的类型或者预定用途的目的而实施的，处 3 年以上 10 年以下监禁，并处 50 万列克以上 100 万列克以下罚金。

如果该行为对人的生命、健康或者财产造成严重后果，或者对环境或者保护区造成长期的严重破坏的，处 5 年以上 15 年以下监禁，并处 100 万列克以上 200 万列克以下罚金。

第 206 条 B　过失毁坏森林或者林地环境罪①

过失地以放火手段损毁森林、林木苗圃、林地或者类似地点的树丛，造成严重的物质后果的，处 1 年以上 3 年以下监禁。

如果该行为对人的生命、健康或者财产造成严重后果，或者对环境或者保护区造成长期的严重破坏的，处 2 年以上 5 年以下监禁。

第 207 条　违反动植物检疫规定罪

违反动植物检疫规定，导致严重的物质后果或者危及人类的生命或者健康的，构成违警罪，处罚金。

① 2008 年 11 月 27 日第 10023 号法律第 22 条新增。

第五章 危害独立和宪法秩序罪

第一节 危害国家独立和完整罪

第 208 条 放弃领域罪①

将国家的领域交付外国国家或者外国势力，意图危害国家独立或者领土完整的，处 15 年以上监禁或者终身监禁。

第 209 条 武装部队投降罪②

武装部队全部或者部分地向敌人投降、向外国国家或者外国势力交出国防物资或者提供武器弹药，意图危害国家独立或者领土完整的，处 15 年以上监禁或者终身监禁。

第 210 条 协议放弃领域罪

就全部或者部分地放弃领域、交出军队或者国防物资与外国国家或者外国势力达成协议，意图危害国家领土完整的，处 5 年以上 10 年以下监禁。

第 211 条 煽动战争罪

实施意图挑起战争或者使阿尔巴尼亚共和国面临外国势力军事干涉危险的行为，处 15 年以上监禁。

---

① 2001 年 1 月 24 日第 8733 号法律第 79 条修正。

② 2001 年 1 月 24 日第 8733 号法律第 79 条修正。

第 212 条　协议武装干涉罪

与外国势力或者外国国家就武装干涉阿尔巴尼亚共和国领域达成协议的，处 10 年以上 15 年以下监禁。

第 213 条　交付秘密情报罪

向外国势力交付军事性质的或者任何其他类型的秘密情报，意图危害国家独立的，处 10 年以上 20 年以下监禁。

第 214 条　提供秘密情报罪

出于使其被提供给外国势力的目的而提供军事性质的或者任何其他类型的秘密情报，意图危害国家独立的，处 3 年以上 10 年以下监禁。

第 215 条　破坏国防物品罪

毁灭或者破坏用于国防的工具、设备、器械、武器、军事技术或者物品，意图降低国家的国防能力的，处 5 年以上 15 年以下监禁。

第 216 条　提供用于破坏国防物品的工具罪

制作或者持有用于毁灭或者破坏用于国防的工具、设备、器械、武器、军事技术或者物品之工具，意图降低国家的国防能力的，处 10 年以下监禁。

第 217 条　接受国外酬劳罪

为了支持外国国家或者外国势力实施本章所规定的犯罪，接受或者同意接受报酬或者其他物质利益的，处 5 年以上 10 年以下监禁。

第 218 条　为外国服务罪

阿尔巴尼亚公民为外国国家或者外国势力服务，意图实施危害阿尔巴尼亚共和国独立或者领土完整的行为的，处 3 年以上 10 年以下监禁。

第二节　危害宪法秩序罪

第219条　暗杀罪[①]

对国家最高代表实施谋杀、绑架、酷刑或者其他暴力行为，意图推翻宪法秩序的，处15年以上监禁或者终身监禁。

第220条　共谋暗杀罪

多人决意实施上述暗杀行为并且为之创造物质条件的，处5年以上15年以下监禁。

第221条　叛乱罪[②]

以设置障碍或者路障阻拦执法人员，对执法人员实施武装抵抗或者缴械，强制占领建筑物，或者抢夺，聚集，布置武器、弹药、人员的方式参与大规模的暴力行动，或者为叛乱活动提供便利条件，意图推翻宪法秩序的，处15年以上25年以下监禁。

以领导者或者组织者的身份参与上述活动的，处终身监禁。

第222条　号召武装或者非法夺取军队指挥权罪

号召拿起武器反对宪法秩序、违反法律建立或者组织武装部队、非法夺取武装部队的军事行动指挥权，意图推翻宪法秩序的，处5年以上10年以下监禁。

第223条　公然号召实施暴力罪

公然号召实施危害宪法秩序的暴力行为的，处罚金或者3年以下监禁。

第224条　建立违宪的政党或者社团罪

建立或者组织意图以武力推翻宪法秩序的政党、组织、团体

---

① 2001年1月24日第8733号法律第79条修正。

② 2001年1月24日第8733号法律第79条修正本条第2款。

的，处罚金或者3年以下监禁。

重建因为违宪而已被解散的政党、组织、团体，或者以公开或者秘密的方式继续其活动的，处1年以上5年以下监禁。

第225条　散发违宪的物品罪

散布或者使用属于违宪的政党、组织、团体或者因为违宪已被解散的政党、组织、团体的章程或者象征标志的，处罚金或者3年以下监禁。

从国外向阿尔巴尼亚共和国散布或者输入材料、章程、象征标志，意图推翻宪法秩序或者危害国家领土完整的，处罚金或者3年以下监禁。

第六章　危害与外国关系罪

第226条　对外国代表实施暴行罪

对以官方身份处于阿尔巴尼亚的外国的元首、内阁成员、议员、外交代表或者予以承认的国际组织的代表实施暴行的，处10年以下监禁。

第227条　侮辱外国代表罪

对以官方身份处于阿尔巴尼亚的外国的元首、内阁成员、议员、外交代表或者予以承认的国际组织的代表进行侮辱的，处罚金或者3年以下监禁。

第228条　对外国代表的工作场所实施暴行罪

对外国或者予以承认的国际组织的代表的工作场所、住所、交通工具实施暴行的，构成违警罪，处罚金或者1年以下监禁。

如果该行为导致严重的物质后果或者双边关系纠纷的，处10年以下监禁。

第229条　侮辱旗帜、徽章或者颂歌罪

以使用语言或者实施行为的手段，侮辱外国或者予以承认的国际组织的旗帜、徽章、颂歌，或者对在官方机构展示的旗帜或者徽章予以移除、毁灭或者使之陷入无法使用状态的，构成违警罪，处罚金或者1年以下监禁。

第七章　恐怖主义行为罪[①]

第230条　实施恐怖主义行为罪[②]

实施下述行为，意图在公众中造成恐慌、强迫阿尔巴尼亚或者外国的国家机关实施或者不实施特定行为或者严重破坏或者动摇阿尔巴尼亚、外国、国际机构、国际组织的基本政治制度、宪法制度、经济制度、社会制度的，处15年以上监禁或者终身监禁。

恐怖主义行为包括但不限于下列行为：

a）针对人身实施的可能导致死亡或者重伤的行为；

b）绑架或者劫持他人；

c）大规模地严重破坏公共财产、公共基础设施、交通系统、

① 2007年2月26日第9686号法律第14条修正了本条条旨。

② 2007年2月26日第9686号法律第15条修正。

信息系统、大陆架固定平台或者私人财产，危及人的生命的；

d）劫持航空器、船舶或者其他交通工具；

d1）制作、持有、购买、运输、交易爆炸物、枪支、生物武器、化学武器、核武器以及为生产上述大规模杀伤性武器进行科学研究；

e）向环境中释放危险物质或者造成火灾、水灾、爆炸，意图危及人的生命或者造成巨大的经济损失；

f）造成水、电或者其他重要能源的供应中断。

第230条A　资助恐怖主义罪①

向恐怖主义提供资金或者任何形式的资助的，处15年以上监禁或者终身监禁，并处500万列克以上1000万列克以下罚金。

第230条B　隐瞒用于资助恐怖主义的资金或者其他财产罪②

转移、转换、隐瞒、运输、转让适用反资助恐怖主义措施的资金或者其他财产，意图使其免受调查或者免于被查明所处位置的，处4年以上12年以下监禁，并处60万列克以上600万列克以下罚金。

如果该行为实施于从事职业活动过程中、与他人共谋地实施或者不止一次地实施的，处7年以上15年以下监禁，并处100万列克以上800万列克以下罚金；如果该行为的实施造成严重后果的，处15年以上监禁，并处500万列克以上1000万列克以下罚金。

---

① 2003年6月19日第9086号法律第7条新增。

② 2004年9月16日第9275号法律第16条新增。

第 230 条 C　从事公共职务或者履行职业义务的人提供情报罪①

从事公共职务或者履行职业义务的人，将适用反资助恐怖主义措施的资金或者其他财产进行查证或者调查的资料泄露给被调查人或者其他人的，处 5 年以上 10 年以下监禁，并处 100 万列克以上 500 万列克以下罚金。

第 230 条 D　筹集用于资助恐怖主义的资金罪②

直接或者间接地筹集任何种类的资金用于资助恐怖主义组织或者恐怖主义行为的实施的，处 4 年以上 12 年以下监禁，并处 60 万列克以上 600 万列克以下罚金。

第 230 条 E　向资助恐怖主义的人提供服务或者进行其他交易罪③

向被宣布适用反资助恐怖主义措施的人提供资金或者其他财产或者与之进行金融服务或者其他交易的，处 4 年以上 10 年以下监禁，并处 40 万列克以上 500 万列克以下罚金。

第 231 条　招募他人实施恐怖主义行为或者资助恐怖主义行为罪④

招募一人或者多人实施恐怖主义行为或者资助恐怖主义行为（即使这些行为是针对其他国家、国际机构或者国际组织的也不例外），如果没有实施其他犯罪行为的，处 10 年以上监禁。

---

① 2004 年 9 月 16 日第 9275 号法律第 16 条新增。
② 2007 年 2 月 26 日第 9686 号法律第 16 条新增。
③ 2004 年 9 月 16 日第 9275 号法律第 16 条新增。
④ 2007 年 2 月 26 日第 9686 号法律第 17 条修正。

第 232 条　培训实施恐怖主义行为罪①

就制造或者使用爆炸物、枪支、军用弹药、化学武器、生物武器、核武器、对人身或者财产有害或者存在危险的其他任何性质的武器、实施恐怖主义行为（即使这些行为是针对其他国家、国际机构或者国际组织的也不例外）的技术或者其他方法，实施训练、培训、给予任何形式（包括匿名或电子形式）的指导或者参与此种活动的，如果没有其他犯罪行为的，处 7 年以上监禁。

第 232 条 A　怂恿、公开号召、宣传实施恐怖主义行为罪②

怂恿、公开号召、散布传单或者进行其他任何形式的宣传，意图支持或者实施某种或者几种恐怖主义行为或者资助恐怖主义行为，如果没有其他犯罪行为的，处 4 年以上 10 年以下监禁。

第 232 条 B　威胁实施恐怖主义行为罪③

针对公共机关（即使针对其他国家、国际机构或者国际组织也不例外）发出实施恐怖主义行为的严重威胁的，处 8 年以上 15 年以下监禁。

第 233 条　制造武装聚众罪

制造以暴力行为危害公共秩序、他人的生命、健康、人身自由、财产的武装聚众，意图在公众中引起恐慌或者不安的，处 10 年以下监禁。

第 234 条　制造军用武器罪

制作、持有、运输军用武器、化学武器、生物武器、核武器、毒害性物质或者爆炸物，意图实施恐怖行为的，处 5 年以上 15 年以下监禁。

---

① 2007 年 2 月 26 日第 9686 号法律第 18 条修正。

② 2007 年 2 月 26 日第 9686 号法律第 19 条新增。

③ 2007 年 2 月 26 日第 9686 号法律第 19 条新增。

第 234 条 A　恐怖主义组织罪[①]

建立、组织、指挥、资助恐怖主义组织的，处 15 年以上监禁。

参加恐怖组织的，处 7 年以上 15 年以下监禁。

第 234 条 B　武装团伙罪[②]

建立、组织、指挥、资助武装团伙的，处 10 年以上 15 年以下监禁。

参加武装团伙的，处 5 年以上 10 年以下监禁。

第八章　危害国家权威罪

第一节　公民实施的危害国家活动罪

第 235 条　抵制履行职责或者从事公务的公务员罪[③]

抵制正在履行国家职责或者公共事务的公务员，意图阻碍其依法履行职责或者公务的，构成违警罪，处罚金或者 6 个月以下监禁。

如果该行为以共谋的方式实施、通过使用身体强制的方式实施或者不止一次地实施的，处罚金或者 5 年以下监禁。

---

① 2004 年 9 月 16 日第 9275 号法律第 17 条新增。

② 2004 年 9 月 16 日第 9275 号法律第 17 条新增。

③ 2001 年 1 月 24 日第 8733 号法律第 54 条修正本条第 2 款。

第 236 条　抵制治安警察罪[1]

抵制治安警察，意图阻碍其依法履行职责的，构成违警罪，处罚金或者 1 年以下监禁。

如果该行为以共谋的方式实施、通过使用身体强制的方式实施或者不止一次地实施的，处罚金或者 7 年以下监禁。

第 237 条　因为公务员的职责对之进行袭击罪

对正在履行国家职责或者公共事务的公务员实施袭击或者其他暴力行为，或者因为其履行国家职责或者公共事务的活动而对之实施袭击或者其他暴力行为的，处罚金或者 3 年以下监禁。

第 238 条　因为公务员的职责对之进行恐吓罪

对正在履行国家职责或者公共事务的公务员实施以杀害或者重伤为内容的严重威胁，或者因为其履行国家职责或者公共事务的活动而对之实施此种严重威胁的，构成违警罪，处罚金或者 2 年以下监禁。

第 239 条　因为公务员的职责对之进行侮辱罪[2]

故意侮辱正在履行国家职责或者公共事务的公务员，或者因为其履行国家职责或者公共事务的活动而对之进行故意侮辱的，构成违警罪，处罚金或者 1 年以下监禁。

如果该行为以公开方式实施、对多人实施或者不止一次地实施的，构成违警罪，处罚金或者 2 年以下监禁。

第 240 条　因为公务员的职责对之进行诽谤罪[3]

故意诽谤正在履行国家职责或者公共事务的公务员，或者因

---

① 2001 年 1 月 24 日第 8733 号法律第 55 条修正本条第 2 款；2007 年 2 月 26 日第 9686 号法律第 20 条修正本条第 2 款。

② 2001 年 1 月 24 日第 8733 号法律第 56 条修正。

③ 2001 年 1 月 24 日第 8733 号法律第 57 条修正本条第 2 款。

为其履行国家职责或者公共事务的活动而对之进行故意诽谤的，构成违警罪，处罚金或者1年以下监禁。

如果该行为以公开方式实施、对多人实施或者不止一次地实施的，处罚金或者2年以下监禁。

第241条　诽谤总统罪

故意诽谤阿尔巴尼亚共和国总统的，处罚金或者3年以下监禁。

第242条　不服从治安警官命令罪

不服从治安警察的合法命令的，构成违警罪，处3个月以下监禁。

第243条　袭击从事公务人员的家庭成员罪

对正在履行国家职责或者公共事务的公务员的家庭成员实施袭击或者其他暴力行为，或者因为公务员履行国家职责或者公共事务的活动而对其家庭成员实施袭击或者其他暴力行为，意图阻碍该公务员履行职责或者公务的，处罚金或者5年以下监禁。

第244条　行贿从事公职人员罪①

为自己或者第三人，亲自或者通过中间人，向从事公职的人许诺给予、提议给予、实际给予任何种类的不正当利益，以使其实施或者不实施与其职责有关的一定行为的，处6个月以上3年以下监禁，并处30万列克以上100万列克以下罚金。

第245条　行贿国家高级官员或者地方选任官员罪②

为自己或者第三人，亲自或者通过中间人，向国家高级官员或者地方选任官员许诺给予、提议给予、实际给予任何种类的不正当利益，以使其实施或者不实施与其职责有关的一定行为的，

① 2004年9月16日第9275号法律第18条修正。

② 2004年9月16日第9275号法律第19条修正。

处1年以上5年以下监禁，并处50万列克以上200万列克以下罚金。

第245条A　非法地对从事公务人员施加影响力罪①

为自己或者第三人，亲自或者通过中间人，向声称能够或者实际能够对阿尔巴尼亚或者外国的从事公务的人员的职责履行或者事务决策施加非法影响的人许诺给予、提议给予、实际给予任何种类的不正当利益的，无论该影响是否实际施加，也无论所施加的影响是否产生其所期待的后果，构成违警罪，处6个月以上2年以下监禁，并处30万列克以上100万列克以下罚金。

声称能够或者实际能够对阿尔巴尼亚或者外国的从事公务的人员的职责履行或者事务决策施加非法影响的人，为自己或者第三人，亲自或者通过中间人，要求给予、实际收受任何种类的不正当利益，或者接受给予不正当利益的提议或者许诺，无论该影响是否实际施加，也无论所施加的影响是否产生其所期待的后果，处6个月以上4年以下监禁，并处50万列克以上200万列克以下罚金。

第245条B　免除刑罚或者减轻刑罚②

本法典第164条A、第244条、第245条、第312条、第319条、第328条所规定的已经承诺给予或者实际给予酬劳或者其他利益的行为人，如果报告其犯罪并且对犯罪行为的刑事追诉作出贡献的，可以按照本法典第28条的规定予以免除刑罚或者减轻刑罚。

法院在作出判决时，应当考虑行为人报告犯罪的时间以及出现犯罪结果与否。

① 2004年9月16日第9275号法律第20条新增。
② 2004年9月16日第9275号法律第20条新增。

第 246 条 篡取国家头衔或者职位罪

篡取国家头衔或者国家职位并且同时实施了属于该头衔或者职位持有人的行为的，构成违警罪，处罚金或者 2 年以下监禁。

如果行为的实施出于牟利的目的或者侵害了自由、尊严或者其他公民基本权利的，处罚金或者 5 年以下监禁。

第 247 条 非法持有制服罪

在无权力的情况下持有用以表明履行国家职责或者公共事务的公务员的身份的制服、凭证、识别标志，并且实施了其他非法行为的，构成违警罪，处罚金或者 2 年以下监禁。

如果行为的实施出于牟利的目的或者侵害了自由、尊严或者其他公民基本权利的，处罚金或者 5 年以下监禁。

第二节 公务员和从事公务的人员实施的危害国家活动罪

第 248 条 滥用职权罪①

从事公职的人故意地实施或者不实施属于不适当履行职责的违法作为或者不作为，如果为自己或者他人带来不正当的物质利益或者非物质利益或者给国家、公民、其他法人的合法利益造成损害，并且没有其他犯罪行为的，处 7 年以下监禁，并处 30 万列克以上 100 万列克以下罚金。

第 249 条 在离职后仍然以原身份行事罪

在终止其行使职务的决定或者情况被告知后，继续履行国家职责或者公共事务的，构成违警罪，处罚金或者 1 年以下监禁。

① 2004 年 9 月 16 日第 9275 号法律第 21 条修正；2007 年 2 月 26 日第 9686 号法律第 21 条修正。

第250条　实施恣意行为罪

从事国家职务或者公共事务的公务员，在履行职责的过程中实施恣意行为或者下达恣意的命令，影响公民自由的，处罚金或者7年以下监禁。

第251条　拒绝采取措施消除不法状态罪

从事国家职务或者公共事务的人员，在因为其职位或者事务而获知恣意行为所导致的影响公民自由的不法状态后，拒绝采取措施消除该不法状态或者拒绝适格人员提出的消除请求的，处罚金或者3年以下监禁。

第252条　非法羁押罪

担任监狱管理职务的人，在无主管机关决定或者超出决定或者法律规定的期限羁押他人的，构成违警罪，处罚金或者2年以下监禁。

第253条　侵犯公民平等权罪

从事国家职务或者公共事务的人员，因为其身份或者在履行职责过程中对他人实施基于该他人的出身、性别、健康状况、宗教信仰、政治信仰、工会活动或者属于特定的族群、民族、种族、宗教的有差别对待的，包括给予不正当的特权和拒绝承认法定的权利或者利益，处罚金或者5年以下监禁。

第254条　非法侵入住宅罪

从事国家职务或者公共事务的人员，在行使职权的过程中未经居住于其中的人同意的情况下进入住宅，并且不属于法律所允许的情况的，处罚金或者5年以下监禁。

第255条　妨碍或者侵害通信秘密罪

从事国家职务或者公共事务的人员，在行使职权的过程中实施毁坏、阅读、泄露邮政信件或者阻断、妨碍、监控、窃听电话或者任何其他通信工具进行通信的行为，或者下达实施此种行为的命令，并且不属于法律所允许的情况的，处罚金或者3年以下监禁。

第256条　滥用国家资助罪

滥用国家或者国家机关所给予的用于公益工程或者公益活动的捐助、补助、资助的，处罚金或者3年以下监禁。

第257条　非法获取利益罪

从事国家职务或者公共事务的人员，在企业或者经营活动中行使监督、管理、清算职责时，直接或者间接地拥有、保留、获得任何种类的利益的，处罚金或者4年以下监禁。

第257条A　选任官员或者公务员拒绝申报、不申报、隐瞒或者虚假申报财产罪①

选任官员或者公务员拒绝依法申报财产或者不依法申报财产，并且已经因此受到行政处分的，构成违警罪，处罚金或者6个月以下监禁。

选任官员或者公务员隐瞒财产或者虚假申报财产的，处罚金或者3年以下监禁。

第258条　侵害公开投标或者拍卖参与人的平等地位罪

从事国家职务或者公共事务的人员，在公开投标或者公开拍卖中实施违反规定参与人的自由和公民平等权的法律的行为，意图为第三人获得不正当的利益或者特权的，处罚金或者3年以下监禁。

第259条　从事公职人员受贿罪②

从事公职的人员为自己或者第三人，亲自或者通过中间人，

---

① 2003年3月13日第9030号法律第1条新增；2007年2月26日第9686号法律第22条修正本条第2款。

② 2004年9月16日第9275号法律第22条修正。

要求给予、实际收受任何种类的不正当利益，或者接受给予不正当利益的提议或者许诺，以作为实施或者不实施与其职责有关的一定行为的对价的，处2年以上8年以下监禁，并处50万列克以上300万列克以下罚金。

第260条　国家高级官员或者地方选任官员受贿罪[①]

国家高级官员或者地方选任官员为自己或者第三人，亲自或者通过中间人，要求给予、实际收受任何种类的不正当利益，或者接受给予不正当利益的提议或者许诺，以作为实施或者不实施与其职责有关的一定行为的对价的，处4年以上12年以下监禁，并处100万列克以上500万列克以下罚金。

第三节　危害公共秩序和公共安全罪

第261条　妨碍言论、集会、示威自由罪

实施妨碍公民行使言论自由、集会自由、示威自由的行为的，构成违警罪，处罚金或者6个月以下监禁。

如果该行为伴随使用了身体暴力的，处罚金或者3年以下监禁。

第262条　组织或者参加非法集会或者示威罪[②]

在未获得主管机关依据特别条例给予的事先许可的情况下在广场或者公众通行场所组织集会或者示威，或者组织者违反为获得许可提出的申请中规定的限制条件的，构成违警罪，处罚金或者1年以下监禁。

在发出解散警告之后参与非法的集会或者示威的，构成违警

① 2004年9月16日第9275号法律第23条修正。

② 2001年1月24日第8733号法律第59条新增本条第3款。

罪，处 3 个月以下监禁。

如果行为不止一次地实施或者造成严重后果的，构成违警罪，处罚金或者 2 年以下监禁。

第 263 条　组织或者参加有武装人员参与其中的非法集会或者示威罪

组织有武装人员参加的非法集会或者示威的，处罚金或者 3 年以下监禁。

参加有武装人员参加的非法集会或者示威的，构成违警罪，处罚金或者 1 年以下监禁。

第 264 条　强迫参加或者不参加罢工罪

违背职员意志强迫参加罢工或者不参加罢工，或者在职员希望工作时为其继续工作制造障碍或者困难的，构成违警罪，处 3 个月以下监禁。

第 265 条　煽动民族、种族、宗教仇恨或者冲突罪

煽动民族、种族、宗教仇恨或者冲突，或者制作、传播、出于传播目的而持有含有此种内容的物品的，处罚金或者 10 年以下监禁。

第 266 条　煽动族群仇恨罪

以呼吁针对部分民众的族群仇恨、侮辱或者诽谤部分民众、要求对部分民众使用暴力或者恣意行为的方式，危害公共安宁的，处罚金或者 5 年以下监禁。

第 267 条　传播虚假恐怖信息罪

以言词、文字或者任何其他方法传播虚假的信息或者消息，意图在民众中引起不安或者恐慌的，处罚金或者 5 年以下监禁。

第 268 条　侮辱阿尔巴尼亚共和国及其象征标志罪

公然或者通过发表、散发文章的方式侮辱阿尔巴尼亚共和国及其宪法秩序、旗帜、徽章、颂歌、国家烈士，或者对官方机构所陈列的阿尔巴尼亚的旗帜或者徽章予以移除、破坏、毁灭或者使之陷入难以辨认或者不能使用状态的，构成违警罪，处罚金或者 2 年以下监禁。

第 269 条　暴力妨碍政党、组织、团体活动罪

强制地妨碍政党、组织、团体的合法活动的，构成违警罪，处罚金或者 2 年以下监禁。

第 270 条　囚犯叛乱罪

罪犯针对正在从事国家职务或者公共事务的公务员使用武力阻止其从事职务，或者因为其职务活动而对之实施武力的，处罚金或者 5 年以下监禁。

如果该使用武力是由多人实施的或者伴随有骚乱、混乱、威胁、恐吓的，处罚金或者 10 年以下监禁。

第 271 条　向应急单位提供虚假信息罪

利用任何信息手段或者通信手段，故意地向应急单位提供虚假信息意图影响其有效性的，构成违警罪，处罚金或者 1 年以下监禁。

第 272 条　向执法部门虚假告发罪

向执法部门作有关犯罪实施的虚假告发，意图使其进入警戒或者警觉状态的，构成违警罪，处罚金或者 1 年以下监禁。

第 273 条　逃离事故现场罪

汽车或者其他机动交通工具的驾驶人逃离事故现场，意图逃避刑事、民事或者行政责任的，构成违警罪，处罚金或者 1 年以下监禁。

第 274 条　破坏公共安宁罪

以向他人的住宅中投掷石块或者其他物品，制造枪声或者其他爆炸声等让人烦扰的噪音，不正当地使用车辆上的警报器或者在街道、广场、公共场所实施其他不受欢迎的行为的手段，明显地影响了安宁、道德或者明显地显示对周围环境的漠视的，构成违警罪，处罚金或者2年以下监禁。

第275条　恶意打电话罪

恶意地拨打电话意图破坏他人的安宁和平静的，构成违警罪，处罚金或者1年以下监禁。

第276条　非法使用红十字标志罪

在未获授权的情况下使用红十字或者红新月标志，导致严重的物质后果的，构成违警罪，处罚金或者2年以下监禁。

如果该行为导致他人死亡或者严重健康损害的，处罚金或者10年以下监禁。

第277条　擅自行使权利罪

享有或者自认为享有但未获得他人认可的某种权利的人，在未诉诸主管国家机关的情况下行使该权利的，构成违警罪，处3个月以下监禁。

第278条　非法制造或者持有武器、军用弹药罪①

在未获得主管国家机关许可的情况下，制造武器、军用弹药、炸弹、地雷或者爆炸物的，处3年以上10年以下监禁。

在未获得主管国家机关许可的情况下，持有武器、炸弹、地雷或者爆炸物的，处罚金或者7年以下监禁。

在未获得主管国家机关许可的情况下，持有军用弹药的，构成违警罪，处罚金或者2年以下监禁。

如果行为以巨大数量实施、以共谋方式实施、不止一次地实

---

① 1998年1月15日第8279号法律第2条新增本条第1款和第2款；2001年1月24日第8733号法律第60条修正本条第1款、第2款、第3款，新增第4款。

施或者造成严重后果的，处5年以上15年以下监禁。

第278条A　走私武器或者弹药罪①

违反法律规定进口、出口、过境、交易武器或者军用弹药，意图获得物质利益或者任何其他利益的，处7年以上15年以下监禁。

如果行为以共谋方式实施、不止一次地实施或者造成严重后果的，处10年以上20年以下监禁。

第279条　非法制造或者持有冷兵器罪

在未获得主管国家机关许可的情况下，制造、持有、购买、销售剑、刺刀、匕首或者专门用于攻击或者自卫的其他带刃冷兵器的，处罚金或者5年以下监禁。

第280条　非法制造或者持有猎枪或者体育用枪罪

在未获得主管国家机关许可的情况下，制造、持有、购买、销售猎枪、体育用枪及其弹药的，构成违警罪，处罚金或者2年以下监禁。

第281条　违反有毒物质管理规定罪

违反规定持有、制造、购买、使用、储存、运输、销售强效有毒物质的，构成违警罪，处罚金或者2年以下监禁。

如果该犯罪导致人员死亡、严重伤害或者其他严重的物质后果的，处罚金或者10年以下监禁。

第282条　违反爆炸物、易燃物、放射物管理规定罪

违反规定持有、制造、购买、使用、储存、运输、销售爆炸物、易燃物、放射物的，构成违警罪，处罚金或者2年以下监禁。

---

① 2001年1月24日第8733号法律第61条新增。

如果该犯罪导致人员死亡、严重伤害或者其他严重的物质后果的，处罚金或者10年以下监禁。

第282条A　走私爆炸物、易燃物、有毒物、放射物罪①

违反法律规定进口、出口、过境、交易爆炸物、易燃物、有毒物、放射物，意图获得物质利益或者任何其他利益的，处7年以上15年以下监禁。

如果行为以共谋方式实施、不止一次地实施或者造成严重后果的，处10年以上20年以下监禁。

第282条B　培训非法制造或者使用武器或者其他危险物品罪②

就制造或者使用爆炸物、枪支、军用弹药、化学武器、生物武器、核武器、对人身或者财产有害或者存在危险的其他任何性质的武器，实施训练、培训、给予任何形式（包括匿名或电子形式）的指导，如果没有其他犯罪行为的，处2年以上7年以下监禁。

第283条　制造或者销售毒品罪③

在违反法律规定或者超出其范围的情况下，销售、待售、以任何形式提供或者获取、分销、交易、运输、发送、交付、持有（供个人使用而持有并且数量较小的除外）麻醉药品、精神药品以及毒品原植物种子的，处5年以上10年以下监禁。

如果行为以共谋方式实施或者不止一次地实施的，处7年以上15年以下监禁。

组织、领导、资助这种活动的，处10年以上20年以下监禁。

---

① 2001年1月24日第8733号法律第62条新增。

② 2007年2月26日第9686号法律第23条新增。

③ 2001年1月24日第8733号法律第63条修正本条第1款，新增本条第2款。

第283条A　贩卖毒品罪①

违反法律规定进口、出口、过境、交易麻醉药品、精神药品以及毒品原植物种子的，处7年以上15年以下监禁。

如果行为以共谋方式实施或者不止一次地实施的，处10年以上20年以下监禁。

组织、管理、资助这种活动的，处15年以上监禁。

第283条B　制造用于制作或者吸食毒品的设备罪②

依其职责管理麻醉药品或者精神药品的人，违反有关的法律规定制造用于制造和使用这些药品的设备的，处3年以上7年以下监禁。

第284条　种植毒品原植物罪③

在未依法获得许可或者授权的情况下，种植用于或者明知用于制造或者提取麻醉药品或者精神药品的植物的，处3年以上7年以下监禁。

如果行为以共谋方式实施或者不止一次地实施的，处5年以上10年以下监禁。

组织、领导、资助这种活动的，处7年以上15年以下监禁。

第284条A　组织、领导毒品犯罪集团罪④

组织、领导、资助以种植、生产、制造、非法交易毒品为目的的犯罪集团的，处10年以上20年以下监禁。

从事国家职务的人为这种犯罪活动创造条件或者提供便利

---

① 1998年1月15日第8279号法律第2条新增；2001年1月24日第8733号法律第64条修正。

② 2001年1月24日第8733号法律第65条新增。

③ 2001年1月24日第8733号法律第66条修正本条第1款和第3款，新增第2款。

④ 1998年1月15日第8279号法律第2条新增。

的，处5年以上15年以下监禁。

第284条B　帮助侦查犯罪①

涉嫌实施与贩卖毒品、武器、卖淫或者犯罪组织所实施的犯罪的被逮捕人或者被告人，在刑事追诉机关对其所犯之罪的打击过程中合作并且有效地帮助侦查实施该犯罪的其他犯罪人的，对其所犯之罪判处的刑罚不应超过法定刑的1/2。在同时具有对其有利的减轻处罚情节的特殊情况下，可以予以免除处罚。

第284条C　生产或者制作麻醉药品或者精神药品罪②

在未获许可或者超越许可范围的情况下，生产、制造、提取、提纯、配制麻醉药品或者精神药品的，处5年以上10年以下监禁。

如果行为以共谋方式实施或者不止一次地实施的，处7年以上15年以下监禁。

组织、领导、资助这种活动的，处10年以上20年以下监禁。

第284条D　生产、交易或者非法使用毒品前体罪③

违反有关的法律规定，生产、进口、出口、过境、交易、持有依法在有关目录中规定的毒品前体的，处5年以下监禁。

如果行为以共谋方式实施或者不止一次地实施的，处3年以上7年以下监禁。

组织、领导、资助这种活动的，处5年以上15年以下监禁。

第285条　生产、持有、运输用于生产或者非法交易麻醉药品或者精神药品的化学物质罪④

明知是被用于或者将被用于生产或者非法交易麻醉药品或者

---

① 1998年1月15日第8279号法律第2条新增。
② 2001年1月24日第8733号法律第67条新增。
③ 2001年1月24日第8733号法律第67条新增。
④ 2001年1月24日第8733号法律第68条修正。

精神药品的基本化学物质或者各种物质、设备、材料，而予以生产、持有、运输、分销的，处3年以上10年以下监禁。

第285条A　提供吸毒场所罪[①]

将经营场所、住宅、机动车或者用于载人的公有或者私有的其他交通工具改造成用于吸食麻醉药品或者精神药品的场所，或者批准进行此种改造的，处5年以下监禁。

第285条B　倾倒或者丢弃用于吸毒的注射器罪[②]

在公共场所、向公众开放的场所或者公用的私人空间中倾倒或者丢弃用于吸食麻醉药品或者精神药品的注射器或者其他危险器具的，构成违警罪，处罚金或者1年以下监禁。

第286条　劝诱他人吸毒罪[③]

劝诱他人吸食麻醉药品或者精神药品，或者在他人不知情或者不同意的情况下使之吸食或者注射麻醉药品或者精神药品的，处5年以上10年以下监禁。

如果劝诱或者强迫吸毒行为针对未成年人实施，或者实施于监禁机构、教育机构、体育机构或者其他任何从事社会活动的机构中的，处15年以上监禁。

第286条A　将高科技手段用于毒品犯罪罪[④]

生产或者使用计算机化通信系统、高科技工具、高科技设备，用于实施本法典第283条至第286条A所规定的犯罪行为、为吸食麻醉药品或者精神药品提供便利或者宣传、公开传播鼓励吸食毒品的信息的，处5年以下监禁。

---

① 2001年1月24日第8733号法律第69条新增。

② 2001年1月24日第8733号法律第69条新增。

③ 2001年1月24日第8733号法律第70条修正。

④ 2001年1月24日第8733号法律第71条新增。

第 287 条 漂白犯罪所得罪[①]

1. 以下列方式漂白犯罪所得：

a）交换或者转换明知是犯罪所得的财产，意图掩饰、隐瞒该财产的来源或者帮助逃避犯罪实施的有关法律后果的；

b）掩饰或者隐瞒与属于犯罪所得的财产有关的财产或者其他权利的性质、来源、位置、最终去向、转移情况的；

c）实施化整为零的金融活动或者交易以规避反洗钱所规定的报告的；

c1）（废止）；

d）公开建议、怂恿、号召实施上述任何行为的；

d1）在经济或者金融活动中使用犯罪所得的金钱或者物品或者用于投资的，处 3 年以上 10 年以下监禁，并处 50 万列克以上 500 万列克以下罚金。

2. 如果该行为实施于从事职业活动过程中、以共谋的方式实施或者不止一次地实施的，处 5 年以上 15 年以下监禁，并处 80 万列克以上 800 万列克以下罚金；如果该行为造成严重后果的，处 15 年以上监禁，并处 300 万列克以上 1000 万列克以下罚金。

3. 如果本条所规定的行为所指向的犯罪所得之“犯罪”由于犯罪人死亡或者导致欠缺对犯罪进行刑事诉讼程序的条件的其他事由，而不能对上游犯罪的行为人提出起诉或者作出有罪判决的，也应当适用本条的规定。

---

① 2003 年 6 月 19 日第 9086 号法律第 8 条修正；2004 年 9 月 16 日第 9275 号法律第 24 条新增 d1 项；2007 年 2 月 26 日第 9686 号法律第 24 条修正本条第 1 款 a 项并且废止 c1 项。

第 287 条 A　开立匿名账户罪[①]

匿名或者使用假名开立存款或者银行账户的，处 3 年以下监禁，并处 20 万列克以上 200 万列克以下罚金。

第 287 条 B　获取犯罪所得的资金或者物品罪[②]

在明知他人所获取的金钱或者物品是实施犯罪所得的情况下，为自己或者第三人购买、接受、窝藏、获取这些金钱或者物品或者在购买、接受、窝藏、使用这些金钱或者物品的过程中提供协助的，处 6 个月以上 3 年以下监禁，并处 10 万列克以下罚金。

本条的行为所指向的犯罪所得之“犯罪”的行为人没有刑事责任能力或者存在对之进行刑事追诉的障碍的，不能免除实施获取犯罪所得的资金或者物品罪的行为人依据本条规定的刑事责任。

第 288 条　生产、销售有害健康的食品或者其他物质罪

生产、进口、储存、销售对生命或者健康存在危险或者危害的食品、饮料、其他物资或者药品，或者在生产、加工食品、饮料的过程中掺入化学制品、材料或者添加剂，致人死亡或者健康受到严重损害的，处罚金或者 10 年以下监禁。

如果该行为对不止一人造成致死或者严重健康损害的，处 5 年以上监禁。

第 288 条 A　非法生产工业的或者食用的用品或者商品罪[③]

非法生产工业的或者食用的用品或者商品的，构成违警罪，处罚金或者 2 年以下监禁。

---

① 2003 年 6 月 19 日第 9086 号法律第 9 条修正。

② 2007 年 2 月 26 日第 9686 号法律第 25 条新增。

③ 2001 年 1 月 24 日第 8733 号法律第 73 条新增。

如果该行为以共谋方式实施、不止一次地实施或者造成严重后果的，处 3 年以上 10 年以下监禁。

第 289 条　违反有关劳动保护规定罪

负责监督或者落实法律和部长会议条例有关工作、生产、服务的规定或者技术安全、技术纪律、劳动保护、卫生、防火有关条例的规定的人，不遵守这些规定，致人死亡或者严重损害健康的，处罚金或者 10 年以下监禁。

如果该行为对不止一人造成致死或者严重健康损害的，处 5 年以上监禁。

第 290 条　违反交通规则罪

违反交通规则，致人死亡、重伤或者多人轻伤的，处罚金或者 10 年以下监禁。

如果该行为对不止一人造成致死或者严重健康损害的，处 5 年以上监禁。

第 291 条　醉态或者无证驾驶罪

在醉态或者无资格许可证的情况下驾驶车辆或者其他机动交通工具的，构成违警罪，处罚金或者 6 个月以下监禁。

第 292 条　违反运输工作规程罪

运输工作职员违反铁路运输、水路运输、航空运输的工作规程，致人死亡或者健康严重损害的，处罚金或者 10 年以下监禁。

如果该行为对不止一人造成致死或者严重健康损害的，处 5 年以上监禁。

第 293 条　妨碍交通工具的运行罪

以设置障碍物或者其他任何手段阻碍机动车、铁路交通工具、水运交通工具、空运交通工具的运行的，处罚金或者 3 年以下监禁。

第 293 条 A　非法窃取计算机数据罪①

使用传输技术工具非法秘密窃取计算机系统中的计算机数据（包括携带计算机数据的计算机系统的电磁发射内容）的，处 3 年以上 7 年以下监禁。

如果行为是针对军事的、国家安全的、社会治安的、民防的或者任何其他具有公共重要性的计算机系统实施的，处 7 年以上 15 年以下监禁。

第 293 条 B　非法干涉计算机数据罪②

在未获授权的情况下破坏、歪曲、变更、删除、抑制计算机数据的，处 6 个月以上 3 年以下监禁。

如果行为是针对军事的、国家安全的、社会治安的、民防的、卫生的或者任何其他具有公共重要性的计算机系统实施的，处 3 年以上 10 年以下监禁。

第 293 条 C　非法干涉计算机系统罪③

在获得授权的情况下，以输入、破坏、歪曲、变更、删除、抑制计算机数据的方式制造严重障碍，危害计算机系统的运行的，处 3 年以上 7 年以下监禁。

如果行为是针对军事的、国家安全的、社会治安的、民防的、卫生的或者任何其他具有公共重要性的计算机系统实施的，处 5 年以上 15 年以下监禁。

第 293 条 D　滥用计算机设备罪④

出于实施本法典第 192 条 B、第 293 条 A、第 293 条 B、第

---

① 2008 年 11 月 27 日第 10023 号法律第 23 条新增。

② 2008 年 11 月 27 日第 10023 号法律第 23 条新增。

③ 2008 年 11 月 27 日第 10023 号法律第 23 条新增。

④ 2008 年 11 月 27 日第 10023 号法律第 23 条新增。

293 条 C 所规定犯罪行为的目的，以生产、持有、销售、出租、散布或者以其他任何方式公开导致或者用作进入计算机系统或者其组成部分中的设备（包括计算机程序、计算机进入手段、访问码或者类似对象）的，处 6 个月以上 5 年以下监禁。

第四节　危害国家秘密和国家边界罪

第 294 条　被托付国家秘密的人泄露国家秘密罪

被托付国家秘密或者因为其职责而知悉国家秘密的人，交易、传播、散布依法视为国家秘密的事实、数字、文书或者资料的内容的，处罚金或者 5 年以下监禁。

如果该行为是公开实施的，处罚金或者 10 年以下监禁。

第 295 条　公民泄露国家秘密罪

知悉国家秘密的人交易、传播、散布依法视为国家秘密的事实、数字、文书或者资料的内容的，处罚金或者 3 年以下监禁。

如果该行为是公开实施的，处罚金或者 5 年以下监禁。

第 295 条 A　泄露或者协助刺探秘密信息罪①

公务员或者从事公务的人，以背离其职务的正常履行或者滥用其身份的方式，向第三人泄露依法视为秘密的信息或者协助刺探这种信息的，处罚金或者 5 年以下监禁。

负有保密义务的公务人员向第三人泄露工商业秘密或者职业秘密的，处罚金或者 3 年以下监禁。

检察官或者司法工作人员无视《刑事诉讼法典》第 103 条规定的义务，泄露保密行为或者包含保密行为的信息的，处 1 年以

① 2007 年 2 月 26 日第 9686 号法律第 26 条新增。

上5年以下监禁。

其他知悉刑事诉讼信息并且被检察官或者司法工作人员警告不得泄露的人，泄露保密行为或者包含保密行为的信息的，处3年以下监禁。

将与依据现行法律受到特别保护的证人或者司法合作人的身份、合作过程、保护情况、所处位置有关的秘密信息予以泄露的，处2年以上6年以下监禁。

如果泄露秘密的行为导致证人、司法合作人及其家庭成员或者负责保护他们的警察死亡、重伤或者生命健康受到严重危害的，处3年以上8年以下监禁。

第296条　遗失秘密文书罪

受委托对依法确定为国家秘密的文书或者其他材料进行保管或者使用的人，遗失这些文书或者材料的，处罚金或者3年以下监禁。

第297条　非法越过国境罪①

非法越过国境的，构成违警罪，处罚金或者2年以下监禁。

第298条　协助非法越境罪②

掩护、陪同或者向他人提供或者使用航运、空运或者其他交通工具或者提供其他帮助，意图使其非法越过阿尔巴尼亚共和国国境或者使不属于某国公民或者不被允许在该国居留的人进入该国家的，处1年以上4年以下监禁，并处300万列克以上600万列克以下罚金。

如果是出于牟利的目的实施协助的，处3年以上7年以下监

---

① 1998年1月15日第8279号法律第2条新增；2004年12月2日第9188号法律第8条修正。

② 2004年12月2日第9188号法律第9条修正；2007年2月26日第9686号法律第27条修正本条条旨和第1款。

禁，并处 400 万列克以上 800 万列克以下罚金。

如果该行为以共谋方式实施、不止一次地实施或者造成严重后果的，处 5 年以上 10 年以下监禁，并处 600 万列克以上 800 万列克以下罚金。

如果该行为造成被害人死亡之后果的，处 15 年以上监禁或者终身监禁，并处 800 万列克以上 1000 万列克以下罚金。

如果该行为是以利用国家职务或者公共服务的方式实施的，在前述监禁和罚金的基础上加重 1/4 处刑。

第 299 条　违反飞行规则罪

以未获飞行许可进入或者离开阿尔巴尼亚共和国领域或者无视飞行航线、降落地点、空中走廊、特定的飞行高度等方式违反国际飞行规则的，处罚金或者 5 年以下监禁。

第九章　妨害司法罪

第 300 条　不告发犯罪罪

不向刑事起诉机关、法院、执法机关、政府、管理机构告发正在实施或者已经实施的犯罪的，处罚金或者 3 年以下监禁。

直系的尊亲属和卑亲属、兄弟姐妹、配偶、养父母和养子女以及因为其职业而有义务保密的人，不追究刑事责任。

第 301 条　妨碍司法查明真相罪

以毁灭、变更、移除痕迹或者移动、隐匿、毁灭、窃取、伪造物品或者文书的方式改变实施犯罪的现场，意图妨碍和阻止查明犯罪及其行为人的，处罚金或者3年以下监禁。

第302条　窝藏罪①

向犯罪人提供食物或者其他生活资料、房屋、住宿或者任何其他帮助，意图使其免于被发现而被搜查、抓获、逮捕的，处罚金或者5年以下监禁。

如果该行为针对本法典第73条、第74条、第75条、第79条、第219条、第220条、第221条、第230条、第230条A、第230条B、第231条、第232条、第232条A、第234条A、第234条B、第284条A、第333条、第333条A所规定的犯罪行为实施的，处2年以上7年以下监禁。

直系的尊亲属和卑亲属、兄弟姐妹、配偶、养父母和养子女以及因为其职业而有义务保密的人，不追究刑事责任。

第303条　藏匿或者毁容尸体罪

对谋杀或者其他暴力行为导致的被害人的尸体予以隐匿或者毁容使之难以辨认，意图帮助犯罪行为人免于被搜查、抓获、逮捕的，处罚金或者5年以下监禁。

第304条　不提供证据罪

在明知其证据将使无辜的被告人或者已经被判决有罪的人脱罪的情况下，不及时地向检察官、法院、执法机关报告或者作证的，处罚金或者5年以下监禁。

犯罪的行为人和因为其身份或者职业获知证据但有义务不报告或者作证的人，免除提供证据的义务。

第305条　虚假告发罪

虚假告发未发生的犯罪、虚假告发明知没有实施犯罪的人或

① 2004年9月16日第9275号法律第25条新增本条第2款；2007年2月26日第9686号法律第28条修正第2款。

者制造虚假的证据，意图启动刑事追诉的，处罚金或者5年以下监禁。

第305条A　向检察官虚假陈述罪[①]

在侦查和刑事诉讼过程中被检察官要求提供与侦查有关信息的人，提供明知部分或者全部为虚假的口头或者书面的陈述，或者隐瞒事实或者证据的，处罚金或者1年以下监禁。

该犯罪的嫌疑人或者被告人、存在免于被请求提供信息或者作证义务之合法理由的人，以及未被告知不予作证或者不回答问题之权利的人在刑事诉讼的任何阶段实施前款规定的行为的，不适用本条的规定。

第305条B　向司法警察虚假陈述罪[②]

在侦查过程中被司法警察要求提供与侦查有关信息的人，提供明知部分或者全部为虚假的口头或者书面的陈述，或者隐瞒事实或者证据的，构成违警罪，处罚金或者6个月以下监禁。

该犯罪的嫌疑人或者被告人、存在免于被请求提供信息或者作证义务之合法理由的人，以及未被告知不予作证或者不回答问题之权利的人在刑事诉讼的任何阶段实施前款规定的行为的，不适用本条的规定。

第306条　伪证罪[③]

向法院作伪证的，构成违警罪，处罚金或者2年以下监禁。

如果伪证行为是出于被实际给予或者被许诺给予财物或者任

---

① 2007年2月26日第9686号法律第29条新增。

② 2007年2月26日第9686号法律第29条新增。

③ 2001年1月24日第8733号法律第75条修正本条第2款；2004年9月16日第9275号法律第26条新增本条第3款；2007年2月26日第9686号法律第30条修正本条第3款。

何其他利益的目的而实施的，处罚金或者 3 年以下监禁。

如果伪证行为是针对本法典第 234 条 A、第 234 条 B、第 284 条 A、第 333 条、第 333 条所规定的犯罪实施的，处 2 年以上 6 年以下监禁。

第 307 条　拒绝作证罪①

对关于了解犯罪行为的实施或者犯罪行为人的询问拒绝回答的，构成违警罪，处罚金或者 1 年以下监禁。

如果拒绝作证行为是出于被实际给予或者被许诺给予财物或者任何其他利益的目的而实施的，处 1 年以上 4 年以下监禁。

该犯罪的嫌疑人或者被告人、存在免于被请求提供信息或者作证义务之合法理由的人，以及未被告知不予作证或者不回答问题之权利的人在刑事诉讼的任何阶段实施前款规定的行为的，不适用本条的规定。

第 308 条　虚假翻译罪

故意地对提交给刑事起诉机关或者法院的文书或者文字的内容进行歪曲翻译，或者向刑事起诉机关或者法院作虚假口头翻译的，构成违警罪，处罚金或者 2 年以下监禁。

如果虚假翻译行为是出于被实际给予或者被许诺给予财物或者任何其他利益的目的而实施的，处罚金或者 3 年以下监禁。

第 309 条　虚假鉴定罪

鉴定人故意地在向刑事起诉机关或者法院以书面或者口头形式出具的报告中提供虚假的结论的，处罚金或者 3 年以下监禁。

如果虚假鉴定行为是出于被实际给予或者被许诺给予财物或

---

① 2007 年 2 月 26 日第 9686 号法律第 31 条修正本条第 2 款。

者任何其他利益的目的而实施的，处罚金或者5年以下监禁。

第310条　拒绝担任证人、鉴定人、翻译人罪

无正当理由地拒绝担任证人、鉴定人、翻译人，或者拒绝履行刑事起诉机关或者法院向他们所委托的职责的，构成违警罪，处罚金或者6个月以下监禁。

第311条　威胁被害人保持沉默罪①

威胁犯罪的被害人不得告发、不得起诉或者撤回已经提出的告发、起诉的，处1年以上4年以下监禁。

第312条　向证人、鉴定人、翻译人行贿罪②

为自己或者第三人，亲自或者通过中间人，向证人、鉴定人、翻译人许诺给予、提议给予、实际给予任何种类的不正当利益，以使其提供虚假的证言、鉴定、翻译或者不到起诉机关或者法院履行其职责的，处4年以下监禁，并处50万列克以上200万列克以下罚金。

第312条A　威胁做虚假的证词、鉴定、翻译罪③

以实施暴力或者其他行为相威胁，让他人向刑事起诉机关或者法院提供虚假的陈述、证据、鉴定、翻译或者拒绝履行其职责的，处1年以上4年以下监禁。

第313条　非法启动刑事追诉罪

检察官针对明知是无辜的人而非法地启动刑事追诉的，处罚金或者5年以下监禁。

---

① 2007年2月26日第9686号法律第32条修正。

② 2004年9月16日第9275号法律第27条修正。

③ 2004年9月16日第9275号法律第28条新增；2007年2月26日第9686号法律第33条修正。

第 313 条 A　毁灭或者丢失卷宗罪[①]

以任何方式毁灭或者丢失侦查案卷或者审判案卷，或者从案卷中移除其中所包含的文书、信函或者其他资料，造成损害公民或者国家利益的严重后果的，处罚金或者 5 年以下监禁。

第 313 条 B　违反法律禁令泄露或者公布保密信息罪[②]

1. 违反法律的规定，泄露（甚至包括媒体途径）秘密身份或者保密信息，危及依据 2004 年 3 月 15 日第 9205 号法律《保护证人和司法合作人法》受保护人员的生命、身体完整、自由的，构成违警罪，处罚金或者 2 年以下监禁；如果行为的实施对被保护人员的健康造成严重后果的，处 6 个月以上 3 年以下监禁。

2. 如果是由有义务保守该秘密身份或者保密信息的人实施的，处罚金或者 3 年以下监禁；如果行为的实施对被保护人员的健康造成严重后果的，处 2 年以上 5 年以下监禁。

3. 如果该行为致人死亡的，处 3 年以上 10 年以下监禁。

第 314 条　在侦查中使用暴力罪

负责侦查工作的人员使用暴力强迫他人作出陈述、作证、证实本人或者他人无罪的，处 3 年以上 10 年以下监禁。

第 315 条　作出不公正的判决罪（废止）[③]

第 316 条　抵制或者袭击司法人员罪

针对法官、审判组织其他人员、检察官、辩护律师、指定的争端仲裁人实施暴力抵制、袭击或者其他暴力行为意图阻止他们履行职责，或者因为上述人员履行其职责的活动而对之实施暴力抵制、袭击或者其他暴力行为的，处罚金或者 7 年以下监禁。

---

① 2001 年 1 月 24 日第 8733 号法律第 77 条新增。

② 2004 年 9 月 16 日第 9275 号法律第 29 条新增。

③ 2008 年 2 月 4 日宪法法院第 11 号决议废止。

第 317 条　恐吓司法人员罪

因为法官、审判组织其他人员、检察官、辩护律师、指定的争端仲裁人履行其职责的活动而对之实施威胁的，处罚金或者 3 年以下监禁。

第 318 条　侮辱司法人员罪

因为法官、审判组织其他人员、检察官、辩护律师、指定的争端仲裁人履行其职责的活动而对之实施侮辱的，构成违警罪，处罚金或者 2 年以下监禁。

第 319 条　向法官、检察官或者其他司法人员行贿罪①

为自己或者第三人，亲自或者通过中间人，向法官、检察官或者任何其他司法人员许诺给予、提议给予、实际给予任何种类的不正当利益，以使其实施或者不实施与其职权有关的一定行为的，处 1 年以上 4 年以下监禁，并处 40 万列克以上 200 万列克以下罚金。

第 319 条 A　法官、检察官或者其他司法人员受贿罪②

法官、检察官或者其他司法人员，为自己或者第三人，亲自或者通过中间人，要求给予、实际收受任何种类的不正当利益，或者接受给予不正当利益的提议或者许诺，以作为实施或者不实施与其职责有关的一定行为的对价的，处 3 年以上 10 年以下监禁，并处 80 万列克以上 400 万列克以下罚金。

第 320 条　阻碍执行法院裁判罪

对作为法院裁判标的的财产予以隐藏、转移、耗费、破坏、毁灭或者实施其他行为，意图阻碍法院裁判的执行的，构成违警罪，处罚金或者 2 年以下监禁。

---

① 2004 年 9 月 16 日第 9275 号法律第 30 条修正。

② 2004 年 9 月 16 日第 9275 号法律第 31 条新增。

第320条A　无法定理由不执行法院裁决罪①

负责执行法院裁判的人，在无正当理由的情况下不执行法院的刑事或者民事裁判的，构成违警罪，处罚金或者2年以下监禁。

如果该行为是出于被实际给予或者被许诺给予财物或者其他利益的目的而实施，或者出于对不执行判决的人进行鼓励的目的而实施的，处罚金或者3年以下监禁。

第321条　实施违背法院裁判的行为罪

被判处的从刑引起特定义务的人，以实施违背该义务的行为的方式违背法院裁判的，构成违警罪，处罚金或者2年以下监禁。

第322条　破坏封条或者其他标记罪

故意破坏刑事起诉机关或者司法机关在各种物品上所施加的封条或者其他标记的，构成违警罪，处罚金或者6个月以下监禁。

第323条　罪犯逃离羁押场所罪

被拘留人、被逮捕人、被判处监禁的罪犯从羁押场所或者在被从一个地方转移到另一个地方的过程中脱逃的，处5年以下监禁。

如果该行为是以暴力或者使用枪支、易燃物、爆炸物、毒害性物质的方式实施的，处5年以上15年以下监禁。

第324条　帮助脱逃罪

向被拘留人、被逮捕人、被判处监禁的罪犯提供建议、信息、工具，意图帮助其从羁押场所脱逃的，处3年以下监禁。

---

① 2001年1月24日第8733号法律第78条新增。

如果帮助脱逃行为是由负责看守、监管、运送的人或者因为其身份有权利进入羁押机构或者与拘留人、被逮捕人、被判处监禁的罪犯进行接触的人实施的，处5年以上10年以下监禁。

第十章　影响选举自由和选举民主制度罪

第325条　在代表机关选举中妨碍选举机构罪

以暴力或者任何其他手段，妨碍选举机关在选举中依法正常地开展活动的，处罚金或者3年以下监禁。

第326条　伪造选举文书或者选举结果罪

负责起草、评估、提供选举结果或者保存文书的人，提交明知其资料、情况、数据为虚假的选举文书，或者起草虚假的文书，或者以伪造的副本替换原件的，处罚金或者5年以下监禁。

第327条　侵犯投票秘密性罪

负责选举的人侵犯投票秘密性的，构成违警罪，处罚金或者1年以下监禁。

第328条　给予回报或者许诺罪

提议给予、实际给予、许诺给予金钱、工作或者任何形式的其他利益，意图让他人签名提名候选人、投票支持或者反对某一候选人或者参加或者不参加投票的，构成违警罪，处罚金或者6个月以下监禁。

接受金钱、许诺或者任何其他利益意图实施上述行为的，构成违警罪，处罚金。

第 329 条　威胁投票人罪

威胁投票人投票支持或者反对某一候选人，或者威胁投票人参加或者不参加投票的，构成违警罪，处罚金或者 2 年以下监禁。

第 330 条　威胁候选人罪

对候选人实施威胁或者其他非法行为，意图迫使其放弃候选人资格或者阻止其在竞选期间实施法律所允许的任何活动的，构成违警罪，处罚金或者 2 年以下监禁。

第 331 条　侵害选举权罪

故意地不将具有选举权的人登记在选举名单中或者将不具有选举权的人登记在选举名单中的，构成违警罪，处罚金或者 1 年以下监禁。

第 332 条　滥用军事权力影响选举罪

任何级别的军官以下达命令、建议或者任何形式的宣传的方式滥用军事权力，意图影响对其存在隶属关系的其他军人的投票的，构成违警罪，处罚金或者 2 年以下监禁。

第十一章　武装团伙和犯罪组织实施的犯罪

第 333 条　建立、组织、领导、参加犯罪集团罪[①]

建立、组织、领导犯罪集团的，处 5 年以上 15 年以下监禁。

① 2004 年 9 月 16 日第 9275 号法律第 32 条修正。

参加犯罪集团的，处4年以上8年以下监禁。

如果该集团具有武装性质或者其成员出于实施犯罪活动的目的持有武器或者爆炸物（即使这些物品被分散藏匿或者保存于不同的地点也不例外）的，上述监禁加重1/3。

如果将犯罪所得全部或者部分地用于资助犯罪集团成员所从事或者控制的经济活动的，对本条上述各款规定的行为加重1/3至1/2处刑。

第333条A　建立、组织、领导、参加有组织犯罪团伙罪①

建立、组织、领导有组织犯罪团伙的，处3年以上8年以下监禁。

参与有组织犯罪团伙的，处2年以上5年以下监禁。

第334条　由犯罪集团或者有组织犯罪团伙实施的犯罪行为②

1．对由犯罪集团或者有组织犯罪团伙的成员实施的犯罪行为，在按照相应的条款处罚时，在原有法定刑的基础上监禁加重5年、罚金加重1/3，但不得超过监禁的刑期上限。

2．如果相应条款的法定刑为监禁或者终身监禁的，处25年监禁或者终身监禁。

3．如果相应条款的法定刑为终身监禁的，处终身监禁。

第334条A③

尽管存在第278条的规定，但如果行为人根据现行立法的规定，在2005年5月31日之前自动上交武器的，不按照非法持有

---

①　2004年9月16日第9275号法律第33条新增。

②　2001年1月24日第8733号法律第79条修正；2004年9月16日第9275号法律第34条修正。

③　2003年3月6日第9017号法律第1条新增。

武器或者军用弹药罪提起追诉。

使用武器或者军用弹药作为手段实施其他犯罪的人，按照非法持有武器或者军用弹药罪提起追诉。

在本法典生效后声称不持有武器或者军用弹药但依据《刑事诉讼法典》的相关规定所进行的检查证明其秘密持有武器或者军用弹药的，不能免予追诉。

第 335 条

本法典自 1995 年 6 月 1 日起施行。所被废止的有关法案、生效的效力和方式，应当由专门的法律作出规定。

附录Ⅰ：阿尔巴尼亚共和国法人刑事责任法

阿尔巴尼亚共和国法人刑事责任法①

第一章　一般规定

第1条　适用范围

本法对实施犯罪行为的法人的责任、刑事诉讼程序和所适用的刑罚作出规定。

第2条　刑法的适用

1. 在本法没有例外规定的情况下，刑法典、刑事诉讼法典或者其他刑事法律的规定适用于法人。除非本法另有不同规定，民商法的规定也适用于法人。

2. 本法的规定也适用于依据阿尔巴尼亚法律取得法人资格的外国法人。

3. 本法不妨碍税务机关或者其他行政管理机关依据可适用的法律决定和执行行政处罚措施。

第二章　实施犯罪行为的法人的责任基础

第3条　实施犯罪行为的法人的责任

法人应当对在下列情况下所实施的犯罪行为承担刑事责任：

① 2007年6月14日第9754号法律。

a）其机关或者代表人以其名义或者为其利益所实施的犯罪行为；

b）基于代表、领导、管理该法人的人的授权，以法人名义或者为法人利益所实施的犯罪行为；

c）因为疏于监督或者检查，代表、领导、管理该法人的人以法人名义或者为法人利益所实施的犯罪行为。

第4条　以法人名义或者为了法人的利益而行事的机关或者代表人

本法第3条a项所指的“以法人名义或者为了法人的利益而行事的机关或者代表人”，是指依据法律或者法人的行为，负责对法人及其组织的活动进行代表、领导、管理、监督的任何人。

第5条　法人的变更

在刑事诉讼的任何阶段，如果法人的法律地位或者形式因发生改变而变更的，应当就变更之日前所实施的犯罪对新的法人进行侦查或者判处刑罚。

第6条　法人的合并

在法院作出最终的有罪判决之前法人以吸收方式合并的，应当就合并之日前所实施的犯罪对新的法人进行侦查和判处刑罚。

第7条　法人的分立

在法院作出最终的有罪判决之前法人分立的，应当就分立之日前所实施的犯罪对分立所形成的数个法人进行侦查和判处刑罚。

第三章　适用于法人的刑罚

第8条　适用于法人的刑罚类型

对因为实施犯罪行为而应当承担刑事责任的法人，判处下列刑罚：

a）主刑；

b）从刑。

第9条　主刑

1. 对因为实施犯罪行为而应当承担刑事责任的法人，判处下列主刑：

a）罚金；

b）终止法人。

2. 本条第1款所规定的主刑不能适用于地方政府、公法人、政党和工会。

第10条　从刑

1. 对因为实施犯罪行为而应当承担刑事责任的法人，在判处主刑的同时，可以判处下列一种或者数种从刑：

a）关停法人的组织或者机构；

b）将法人交付监管；

c）禁止参加公共采购程序；

c1）剥夺获得或者使用许可证、授权、特许权或者补助金的权利；

d）禁止获取公共资金或者进行有关广告活动；

d1）剥夺从事一种或者数种活动或者业务的权利；

e）公布法院判决的义务。

2. 本条第1款a项、b项、d项和d1项所规定的刑罚，不能适用于地方政府、公法人、政党和工会。

3. 主刑和从刑一起执行。

4. 法院依据刑法典第36条规定的条件没收用于实施犯罪的财产和犯罪所得。

第11条　罚金

1. 本法第9条所规定的罚金是指在法定幅度内向国家支付一定数额的金钱。

2. 被判决有罪的法人，应当以法院指定的方式和期限以其财产缴纳罚金。

3. 在不支付或者阻碍罚金的情况下，法院根据检察官的请求强制执行判决。如果法人没有资金或者财产用以支付罚金的，法院可以用终止法人之主刑替代罚金。

4. 在法人实施犯罪（狭义）[①] 行为的情况下，根据犯罪行为的类型，判处如下罚金：

a）对刑法典规定的法定最低刑不少于15年监禁或者终身监禁的犯罪，对法人处2500万列克以上5000万列克以下罚金；

b）对刑法典规定的法定最低刑不少于7年至15年监禁的犯罪，对法人处500万列克以上2500万列克以下罚金；

c）对刑法典规定的法定最高刑少于7年监禁的犯罪，对法人处50万列克以上500万列克以下罚金。

5. 在法人实施违警罪行为的情况下，处30万列克以上100万列克以下罚金。

第12条　终止法人

1. 在存在下列情形之一时，应当对实施犯罪行为的法人适用终止法人之刑罚：

a）为了实施犯罪而设立的；

b）以实施犯罪行为作为主要活动的；

c）所实施的犯罪造成严重后果的。

---

① 《阿尔巴尼亚共和国刑法典》第1条把犯罪（广义）分为犯罪（狭义）和违警罪两类。

2．如果法人不止一次地实施犯罪行为或者具有刑法典或者其他刑事法律所规定的其他加重处罚情节的，可以适用终止法人。

3．终止法人的判决通过主管机关依法所提起的清算程序执行。强制清算程序终结后的法人收入和财产，视为犯罪工具或者犯罪所得予以没收。

第13条　关停法人的组织或者机构

1．如果利用法人的组织或者机构实施造成严重后果的犯罪，并且认为继续保留这些组织或者机构与所实施犯罪的性质不相容的，永久地关停该法人的一个或者数个组织或者机构。

2．有期限地关停法人的一个或者数个组织或者机构的期间为1年以上5年以下。

第14条　将法人交付监管

1．如果认为具有预防效果或者与其所实施的犯罪的性质相适应的，可以判处将法人交付监管，期间为1年以上5年以下。

2．除了本条第1款的规定外，对具有下列情形的犯罪法人，也可以判处将法人交付监管：

a）提供公益服务并且实施公益活动的法人；

b）因为与法人的种类、规模、活动场所相关的经济社会环境，认为对其适用本法第12条和第13条所规定的刑罚会对就业、经济社会发展和环境保护造成严重后果的。

3．在将法人交付监管时，法院应当确定一名或者数名管理人，并且在犯罪法人意图用于或者实际用于实施犯罪行为的活动有关的范围内确定管理人的义务和权力。

4．管理人在法院确定的权力范围内，实施能够有效地预防犯罪的组织监督模式并且确保其成功完成。

5. 监管人每4个月至少应当以书面形式向法院提交有关其义务和权力履行情况的详细报告。应当向检察官送达该报告的副本。

6. 基于利害关系人或者检察官的请求，法院在审查监管人的报告和说明后，可以撤销监管措施或者易科新判决判处主刑或者其他从刑。

第15条　禁止参加公共采购程序

1. 如果认为具有预防效果或者与其所实施的犯罪的性质相适应的，可以判决禁止直接或者间接地获得或者参加中央或者地方国家机构、其他公法人或者由上述主体控制的其他法人进行的公共财产的交易和分配、针对公共财产的合同关系和采购程序，期间为1年以上5年以下。

2. 对实施本法第11条第4款a项和b项所规定的犯罪行为的法人，禁止参加公共采购程序的期间不得少于4年；如果该犯罪造成严重后果的，法院可以判处永久禁止参加公共采购程序。

第16条　剥夺获得或者使用许可证、授权、特许权或者补助金的权利

1. 如果认为具有预防效果或者与其所实施的犯罪的性质相适应的，可以判处剥夺从中央或者地方国家机构、其他公法人或者由上述主体控制的其他法人那里获得或者使用许可证、授权、特许权或者补助金的权利，期间为1年以上5年以下。

2. 对实施本法第11条第4款a项和b项所规定的犯罪行为的法人，剥夺上述权利的期间不得少于3年；如果该犯罪造成严重后果的，法院可以判处永久禁止此种权利。

第17条　禁止获取公共资金或者进行有关广告活动

1. 如果认为具有预防效果或者与其所实施的犯罪的性质相

适应的，法院可以判处禁止其获取公共资金、金融资源、担保，或者为此目的经营银行、金融机构、资本市场，或者为其活动进行广告宣传，期间为1年以上3年以下。

2．对实施本法第11条第4款a项和b项所规定的犯罪行为的法人，禁止获取公共资金或者金融资源的期间不得少于2年。

第18条　停止从事一种或者数种活动

1．如果认定法人在从事某些活动的过程中或者因为实施这些活动而犯罪，或者法人滥用了这些活动的，法院可以判决停止该法人从事一种或者数种活动，期间为1年以上4年以下。

2．对实施本法第11条第4款a项和b项所规定的犯罪行为的法人，停止从事一种或者数种活动的期间不得少于3年。

第19条　公布法院判决的义务

1．如果认为公布判决内容事关法人或者自然人的利益的，可以通过纸质报刊或者其他类型的公共信息机构、在特定场所张贴或者以法院决定的其他公示方式，公布法院判决或者关于判决内容的告示。

2．是全部还是部分公布法院判决、负责公布的媒体、公布的日期及期间，由法院确定。公布法院判决的费用由犯罪法人承担。

3．报刊和电视台有义务公布法院所提供的法院判决。

4．在侵害犯罪被害人或者其他人隐私（除非获得他们的同意）、损害公共道德或者存在泄露国家秘密的危险时，不能决定公布法院判决。

第四章 量刑规则和复权

第20条 适用于法人的减轻情节

除了刑法典总则第六章所规定的情节外，犯罪法人具有下列情节的，也应当减轻处罚：

a）法人完全地赔偿损失并且消除犯罪行为的危害后果或者危险的；

b）法人已经通过实施适合于犯罪预防的组织模式消除了导致犯罪发生的组织缺陷的；

c）法人交出供没收的犯罪所得的。

第21条 不止一次地实施犯罪

如果法人在前一次犯罪之日起5年内又实施新的犯罪的，依据所实施的新罪是犯罪（狭义）还是违警罪，对新犯之罪所适用的罚金数额和从刑的期间加重2至3倍。

第22条 法人分立情况下的刑罚执行

1. 在分立的情况下，分立所产生的数个法人在其在原法人中所占的股份范围内对分立之日前所实施的犯罪判处的罚金承担连带支付责任。应当依据被分立法人向各个分立后的法人移交的净资产实际价值的比例、被分立法人中的被用于实施犯罪或者实施犯罪的组织或者机构的分立后的归属情况，确定分立后各法人的责任。

2. 对分立前的法人所适用的终止法人和从刑，适用于分立后继承被分立法人中的被用于实施犯罪或者实施犯罪的组织或者机构的一个或者数个法人。

第23条 法人合并或者分立时罚金的确定

如果法人的合并或者分立发生于审判结束之前，法院应当考虑承担主要责任的法人的经济和财产状况量定罚金。

第24条　复权

实施犯罪的法人经历下列期间后，有罪判决视为自始不存在：

a）在被判处罚金的情况下，在足额缴纳罚金之日起满5年后；

b）在被判处其他刑罚的情况下，在刑罚执行完毕之日起满3年后。

第五章　程序规定

第25条　刑事诉讼程序中的法人

关于被侦查人和被告人的刑事诉讼规定，在可适用的情况下相应地适用于实施犯罪行为的法人。

第26条　法人的代理

1. 被提起刑事诉讼的法人，由法人的机关或者其委任的律师代理。

2. 在刑事诉讼程序中，法人可以在检察官告知后10日内，依据法律或者社团条例委任代理人，代理人有向第三方作出决定和代表该法人的权利。

3. 法人的代表人不能是证人或者因为同一犯罪被提起刑事追诉的人。

4. 如果法人未在本条第2款所规定的期间内指定其代理人的，由起诉机关或者法院为其指定代理人。

第27条　诉讼合并

对由法人、法人的机关和法人代表人所实施的犯罪，适用有关诉讼合并的程序规则。

第 28 条　案件审理阶段的程序

1. 在诉讼合并的案件中，在案件审理阶段，被起诉法人的机关或者代表人有权首先出庭接受调查。

2. 无论法人的代表人是否被追诉，刑事诉讼程序中的举证安排在对被起诉的法人机关或者代表人进行调查时进行。首先被法院询问的是因为同一犯罪被起诉的法人机关或者法人代表人。

3. 在最终辩论阶段，因为同一犯罪被起诉的法人机关或者法人代表人有最后陈述的权利。

第 29 条　判决的要素

在对法人作出判决时，除了《刑事诉讼法典》所规定的要素外，还应当包括下列要素：

a）总部；

b）社团类型和名称形式；

c）法人的登记注册编号；

d）代表人的状况。

第 30 条　法人的司法状况

1.《刑事诉讼法典》第十编第三章的规定适用于依据本法规定被判决有罪的法人。

2. 应当将对实施犯罪行为的法人所作出的判决的副本送达法人注册地的相应注册登记机构，依法作相应的记载。

第 31 条　生效

本法从 2007 年 10 月 1 日起施行。

附录Ⅱ：阿尔巴尼亚共和国宪法（节选）

阿尔巴尼亚共和国宪法（节选）①

第一编　基本原则

第 1 条

1. 阿尔巴尼亚是议会制共和国。

2. 阿尔巴尼亚共和国是单一制统一国家。

3. 统治建立在自由、平等、普遍、定期的选举制度基础上。

第 2 条

1. 阿尔巴尼亚共和国的主权属于人民。

2. 人民通过其代表或者直接行使主权。

3. 基于维护和平和国家利益的需要，基于议会多数通过的法律，阿尔巴尼亚共和国可以参加集体安全机制。

第 3 条

国家独立、领土完整、人的尊严、权利和自由、社会公正、宪法秩序、多元主义、民族的尊严和传统、宗教共存、阿尔巴尼亚族与少数民族之间的共存和理解，是国家有义务尊重和保护的

① 1998 年 10 月 21 日阿尔巴尼亚共和国议会批准，1998 年 11 月 12 日全民公决通过，此后经过数次修正，最近一次修正是 2008 年 4 月 21 日的修正。

国家基础。

第4条

1. 法律确定国家活动的依据和范围。

2. 宪法是阿尔巴尼亚共和国效力最高的法律。

3. 除非宪法另有不同规定，宪法条款可以直接适用。

第5条

阿尔巴尼亚共和国适用对其有约束力的国际法。

第6条

宪法所规定的机关的组织和运行，由具体的法律作出规定，但本宪法对此另有不同规定的情况除外。

第7条

阿尔巴尼亚共和国的政体建立在立法权、行政权、司法权的分立和制衡的基础上。

第8条

1. 阿尔巴尼亚共和国保护居住于国外的阿尔巴尼亚人的权利。

2. 阿尔巴尼亚共和国保护其公民暂时或者永久地居住于国外的权利。

3. 阿尔巴尼亚共和国向居住或者工作于国外的阿尔巴尼亚人提供帮助，以保持和发展其与民族文化传统的联系。

第9条

1. 可以自由地组建政党。政党的组织应当符合民主原则。

2. 如果政党或者其他组织的章程或者活动建立在极权主义基础上，或者煽动或者支持种族仇恨、宗教仇恨、地区仇恨、族群仇恨，或者使用暴力夺取权力或者影响国家政策，或者具有秘密性质的，依法禁止。

3．政党的经济来源和开支应当公开。

……

第二编　基本人权和自由

第一章　一般原则

第 15 条

1．基本人权和自由不可分割、不可让渡、不可侵犯并且构成整个司法秩序的基础。

2．公共权力机关在履行其职责的过程中，应当尊重基本人权和自由并且促进其实现。

第 16 条

1．本宪法对阿尔巴尼亚公民所规定的基本人权和自由以及义务，对阿尔巴尼亚共和国领域内的外国人或者无国籍人也适用，但本宪法规定以具有阿尔巴尼亚公民资格作为行使特定权利和自由前提的情况除外。

2．本宪法规定基本人权和自由以及义务，只要与其宗旨或者权力、自由、义务的本质相容，也适用于法人。

第 17 条

1．对本宪法所规定的基本人权和自由，只能出于公共利益或者保护他人权利的需要，以法律的方式作出限制。所作的限制应当与决定该限制的状况相称。

2．这些限制不能侵害权利和自由的本质，并且在任何情况下都不能超过《欧洲人权公约》所规定的限制。

第 18 条

1．法律面前人人平等。

2．任何人不因其出身、性别、种族、宗教、族群、语言、政治信仰、宗教信仰、哲学信仰、经济状况、教育程度、社会地位而受到不正当的区别对待。

3．任何人不得在无客观合理的正当事由的情况下基于第 2 款所规定的原因区别对待他人。

第 19 条

1．父母至少有一方具有阿尔巴尼亚公民资格的，其子女一出生即自动获得阿尔巴尼亚公民资格。也可以法律规定的其他原因获得阿尔巴尼亚公民资格。

2．阿尔巴尼亚公民不能失去其公民资格，但其放弃的除外。

第 20 条

1．属于少数民族的人，在法律面前完全平等地享有人权和自由。

2．他们享有不受限制和强迫地自由表达其族群、文化、宗教、语言归属的权利。

3．他们享有保留传统和发展的权利、以母语进行学习和接受教育的权利。

第二章　人身权利和自由

第 21 条

人的生命受法律保护。

第 22 条

1．表达自由受到保障。

2．保障出版、无线电讯、电视自由。

3．禁止对通信手段进行事先审查。

4．法律可以规定开办无线电台和电视台必须获得许可。

第23条

1．信息自由受到保障。

2．任何人有权以符合法律规定的方式获得国家机关或者行使国家职权的人的活动的信息。

3．任何人有机会参加由公共选举所产生的机关的会议。

第24条

1．良心自由和宗教自由受到保障。

2．任何人有权选择或者改变其宗教和信仰，以及通过礼拜、教育、实践、举行仪式的方式单独或者集体地在个人生活或者公共生活中表达这种状况。

3．不能强迫或者禁止任何人参加宗教团体及其活动，以及让任何人公布其信仰。

第25条

任何人不受残酷的、不人道的或者侮辱人格的酷刑、处罚或者待遇。

第26条

不能要求任何人从事强制劳动，但因执行司法裁判、服兵役或者遇到战争状态、紧急状态或者危及人的生命健康的自然灾害所产生的劳务除外。

第27条

1．除非在法律规定的情况下并且依据法律规定的程序，否则不得剥夺任何人的自由。

2．除下列情况外，不得限制人身自由：

a）被适格的法院判处监禁；

b）因为不履行法院的合法命令或者法律规定的义务；

c）存在实施了犯罪的合理怀疑，或者为了防止其实施犯罪或者在实施完犯罪后逃跑；

c1）出于教育或者将其送交主管机关的目的约束未成年人；

d）对社会存在危险的传染病携带者或者无精神能力人；

d1）非法入境或者为了驱逐出境或者引渡。

3．不能因为处于不能履行合同义务状态而剥夺任何人的自由。

第28条

1．任何被剥夺自由的人有权利以其可以理解的语言立即被告知被采取剥夺自由措施的理由以及对其所提出的指控。被剥夺自由的人应当被告知其没有供述的义务、有立即与其律师联系的权利并且被提供行使其权利的可能条件。

2．依据第27条第2款c项被剥夺自由的人，应当在48小时内移交给法官。法官应当在收到审查文书之时起48小时内对予以逮捕或者释放作出决定。

3．被逮捕人有权对法官的决定提起上诉。其有权利在适当的时间内受到审判或者依法被保释。

4．在其他情况下，被非司法途径剥夺自由的人可以在任何时候致信法官，法官应当在48小时内对剥夺其自由行为的合法性作出决定。

5．任何依据第27条被剥夺自由的人都有权受到人道的对待和人格尊重。

第29条

1．任何人不得因为行为时法律没有规定的犯罪受到指控或者被判决有罪，但在行为时实施依据国际法构成战争罪或者反人类罪的罪行除外。

2. 任何人不得被判处比行为时的法律所规定的刑罚更重的刑罚。

3. 有利于行为人的刑法具有溯及力。

第30条

在被法院的生效判决确定有罪之前，任何人都被视为无罪的。

第31条

在刑事诉讼中，任何人都有权：

a）被立即和详细地告知对其所提出的指控、他的权利并且为告知其家庭成员或者亲属提供条件；

b）有充分的时间和便利条件准备辩护；

c）在不会说或者不能理解阿尔巴尼亚语时获得翻译人员的免费帮助；

c1）由自己或者在其选定的合法辩护人的帮助下进行辩护；在自由和独自的状态下与辩护人沟通；在没有足够资金的情况下获得免费提供的辩护；

d）向到庭的证人发问或者请求证人、鉴定人或者其他可能查明事实的人到庭。

第32条

1. 不得强迫任何人作出不利于其本人或者家庭成员的证明或者承认其罪行。

2. 不得基于通过非法方式收集的证据判决任何人有罪。

第33条

1. 任何人都有权利在被宣判之前接受听证。

2. 逃避司法的人不能行使这一权利。

第 34 条

任何人不得因为同一犯罪被不止一次地判刑或者被再次审判，但上级法院以法律规定的方式决定重审该案件的情况除外。

第 35 条

1. 不得强迫任何人公开个人资料，但法律有此要求的情况除外。

2. 收集、使用、公开个人资料应当在获得同意的情况下进行，但法律有规定的情况除外。

3. 任何人有权了解被收集与其有关的信息，但法律有规定的情况除外。

4. 任何人有权要求纠正或者删除不真实的、不完整的或者以违法方式收集的个人资料。

第 36 条

保障通信或者其他通信方式的自由和秘密。

第 37 条

1. 住宅不受侵犯受到保障。

2. 除非在法律规定的情况下并且以法律规定的方式进行，否则不得搜查住宅或者类似的房屋。

3. 任何人不受刑事诉讼程序之外的人身搜查，但在进出境或者避免危及公共安全的危险时除外。

第 38 条

1. 任何人都有权选择其居住地并且自由迁徙到阿尔巴尼亚领域内的任何地方。

2. 不得阻碍任何人自由地离开阿尔巴尼亚。

第 39 条

1. 任何阿尔巴尼亚公民不得被驱逐出境。

2. 只能在阿尔巴尼亚共和国作为缔约方的国际条约有明确规定的情况下才准许引渡，并且只能依据司法判决准许引渡。

3. 禁止对外国人予以集体驱逐出境。对外国个人的驱逐出境，依据法律规定的条件进行许可。

第 40 条

外国人有依法在阿尔巴尼亚共和国避难的权利。

第 41 条

1. 私人财产权受到保障。

2. 可以通过赠与、继承、购买或者民法典规定的其他方式获得财产。

3. 法律只有为了公共利益才可以规定征用或者限制财产权利的行使。

4. 只有给予公平的补偿的情况下，才能准许进行征用或者等同于征用的限制行使财产权利。

5. 在无法对补偿数额达成一致的情况下，可以向法院提起诉讼。

第 42 条

1. 非通过正当程序，不得对宪法或者法律认可的自由、财产或者权利进行侵害。

2. 任何人为了保护其宪法或者法律规定的权利、自由、利益或者受到指控时，有权利在合理的时间内获得由法律规定的独立和公正的法院所进行的公正和公开的审判。

第 43 条

除非宪法另有不同规定，任何人有权就司法裁判向上级法院上诉。

第 44 条

任何人因为国家机关非法的作为或者不作为造成损害的，有权利获得恢复原状和/或者赔偿损失。

第三章　政治权利和自由

第 45 条

1. 年满 18 周岁（即使在选举日达到也不例外）的任何公民，有投票权和被选举权。

2. 被生效的法院判决宣布为无精神能力的公民，不享有投票权。

3. 正在服监禁刑的罪犯只享有投票权。

4. 投票应当亲自、平等、自由、秘密地进行。

第 46 条

1. 任何人有组建目的合法的社团的权利。

2. 依据法定的程序在法院对组织或者社团进行登记。

3. 依法禁止追求违宪目的的组织和社团。

第 47 条

1. 举行没有武器的和平集会或者参与该集会的权利，受到保障。

2. 在广场或者公众通行场所的和平集会，依照法律规定的程序进行。

第 48 条

每个人都可以自己或者与他人共同向国家机关递交请求、控告、批评，国家机关有义务在法律规定的期限内以法律规定的条件作出答复。

第三编　议会

……

第四编　共和国总统

……

第五编　部长会议

……

第六编　地方政府

……

第七编　规范性法律和国际条约

……

第八编　宪法法院

第 124 条

1．宪法法院保障宪法受到尊重并且对宪法作出最终的解释。

2．宪法法院只对宪法负责。

第125条

1. 宪法法院由9名成员组成，由共和国总统在获得议会同意后任命。

2. 宪法法院法官从具有高等教育学历并且职业工作经历不少于15年的律师中提名，任期9年，不得连任。

3. 每3年根据法律规定的程序对宪法法院1/3的成员进行更新。

4. 宪法法院院长由共和国总统在获得议会同意后从宪法法院成员中任命，任期3年。

5. 宪法法院法官继续履行其职权，直至其继任者被任命时止。

第126条

未经宪法法院同意，不能对宪法法院法官提起刑事追诉。只有正在实施犯罪或者犯罪之后即刻被抓获的，才能对宪法法院法官进行拘留或者逮捕。主管机关应当立即通知宪法法院。如果宪法法院不同意在24小时内将被拘留法官移交法院审理的，主管机关有义务释放该法官。

第127条

宪法法院法官的任命在下列情况下终止：

a）被法院生效裁判判决有罪；

b）无正当理由不履职达到6个月；

c）年满70周岁；

c1）辞职；

d）被生效的法院裁判宣布为无行为能力。

第128条

宪法法院法官因为违反宪法、实施犯罪、精神或者身体残疾、实施严重贬低司法诚信和声誉的行为的，可以经议会全体成员 2/3 以上通过决定予以除名。宪法法院负责对议会决定进行复核，如果确定存在上述事由的，宣布将该法官从宪法法院成员办公室中除名。

第 129 条

宪法法院法官在向共和国总统宣誓后就职。

第 130 条

担任宪法法院法官不得从事其他国家活动、政治活动或者私人活动。

第 131 条

宪法法院对下列事项作出决定：

a）法律是否与宪法或者第 122 条所规定的国际条约相容；

b）在批准国际条约之前审查其是否与宪法相容；

c）中央或者地方机关的规范性立法是否与宪法和国际条约相容；

c1）各种权力之间以及中央政府和地方政府之间的权限纠纷；

d）宪法第 9 条规定的政党和其他政治组织及其活动的合宪性；

d1）剥夺共和国总统的职位和确认其无能力履行其职权；

e）与行使总统和议员职权过程中的适当性和不相容性有关的争议，以及确认总统和议员的选举结果；

e1）全民公决的合宪性以及确认其结果；

f）对公民在穷尽保护其权利的所有的司法救济措施之后通过正当法律程序提出的有关侵犯其宪法权利的个人控告作出最终裁决。

第132条

1. 宪法法院的判决具有普遍的约束力并且具有最终性。宪法法院仅能宣布其所审查的规范性法律无效。

2. 宪法法院的判决从其在国家公报上出现之日起生效，但宪法法院决定法律或者其他规范性法律从其他日期起无效的情况除外。分歧意见与判决一起公布。

第133条

1. 受理裁决请求由法律规定数目的法官决定。

2. 宪法法院以其全体成员的多数作出决定。

第134条

1. 宪法法院只能基于下列主体的请求启动程序：

a）共和国总统；

b）总理；

c）不少于1/5的议员；

c1）国家监察署署长；

d）宪法第145条第2款规定的任何法院；

d1）人民检察署；

e）地方政府机关；

e1）宗教团体的机关；

f）政党和其他组织；

g）个人。

2. 本条第1款d1项、e项、e1项、f项所规定的主体只能对与其利益有关的事项提出请求。

第九编　法院

第135条

1．司法权由依法建立的最高法院、上诉法院和一审法院行使。

2．议会可以依法在特定地区设立法院，但在任何情况下都不得设立特别法庭。

第136条

1．最高法院成员由共和国总统在获得议会同意后任命。

2．总统依据本条第1款所规定的程序在最高法院成员中任命院长。

3．最高法院院长和法官任期9年，不得连任。

4．其他法官由共和国总统根据最高司法委员会的建议任命。

5．只有具有法律专业高等教育学历的公民才能担任法官。法官的选任条件和程序由法律规定。

第137条

1．只有在议会同意的情况下，才能对最高法院法官提起刑事追诉。

2．只有正在实施犯罪或者犯罪之后即刻被抓获的，才能对最高法院法官进行拘留或者逮捕。主管机关应当立即通知宪法法院。如果宪法法院不同意在24小时内将被拘留法官移交法院审理的，主管机关有义务释放该法官。

3．只有在最高司法委员会同意的情况下，才能对其他法官提起刑事追诉。

4．只有正在实施犯罪或者犯罪之后即刻被抓获的，才能对法官进行拘留或者逮捕。主管机关应当立即通知最高司法委员会。如果最高司法委员会不同意在24小时内将被拘留法官移交法院审理的，主管机关有义务释放该法官。

第138条

法官的任期没有限制；不能降低法官的工资和其他福利。

第139条

最高法院法官的任命在下列情况下终止：

a）被法院生效裁判判决有罪；

b）无正当理由不履职达到6个月；

c）年满65周岁；

c1）辞职；

d）被生效法院裁判宣布为无行为能力。

第140条

最高法院法官因为违反宪法、实施犯罪、精神或者身体残疾、实施严重贬低司法诚信和声誉的行为的，可以经议会全体成员2/3以上通过决定予以除名。宪法法院负责对议会决定进行复核，如果确定存在上述事由的，宣布将该法官除名。

第141条

1．最高法院有初审管辖权和再审管辖权。最高法院对针对共和国总统、总理、部长会议成员、议员、最高法院法官、宪法法院法官提起的刑事指控的裁决行使初审管辖权。

2．为了统一和修正司法活动，最高法院有权选取具体的司法案件由全体会议进行复审。

第142条

1．法院判决应当进行合乎逻辑的说理。

2．最高法院应当公布其判决及其少数观点。

3. 国家机关必须执行法院判决。

第 143 条

担任法官不得从事其他国家活动、政治活动或者私人活动。

第 144 条

法院有独立的预算，由其自身执行预算。法院依法提出其预算建议。

第 145 条

1. 法官是独立的，只服从宪法和法律。

2. 如果法官认为某法律是违宪的，不能适用该法律。在这种情况下，他应当中止程序，将该问题移交宪法法院。宪法法院的决定对所有法院具有约束力。

3. 干涉法院或者法官的活动的，依法追究责任。

第 146 条

1. 法院以共和国的名义作出判决。

2. 法院判决在任何情况下都应当公开宣布。

第 147 条

1. 最高司法委员会由共和国总统、最高法院院长、司法部部长、议会选举的 3 名成员、由国家司法会议选举产生的 9 名各层级法官组成。选任成员的任期为 5 年，不得连任。

2. 共和国总统是最高司法委员会主席。

3. 根据总统的提名，从其普通成员中选举 1 名副主席。副主席在共和国总统缺席的情况下组织最高司法委员会的活动并且主持其会议。

4. 最高司法委员会依法决定法官的调动和惩戒责任。

5. 在未获得同意的情况下不得调动法官，但司法体制的重组有此需要时除外。

6. 法官因为违反宪法、实施犯罪、精神或者身体残疾、实施严重贬低司法诚信和声誉的行为、不能胜任其职业的，最高司法委员会可以决定予以除名。该法官可以对该决定向最高法院提出上诉，由最高法院全体会议对此作出决定。

第十编　检察署

第148条

1. 检察署代表国家进行刑事追诉和向法院提出起诉。检察署也执行法律规定的其他职责。

2. 检察署按照附属于司法体制的集中式机关进行组织和运作。

3. 检察官在行使职权过程中，服从宪法和法律。

第149条

1. 总检察长由共和国总统在获得议会同意后任命，任期5年，可以连任。

2. 总检察长因为违反宪法、在履行职责过程中严重违反法律、精神或者身体残疾、实施严重贬低检察诚信和声誉的行为的，共和国总统可以基于议会的建议将其解职。

3. 其他检察官由共和国总统根据总检察长的建议任命。

4. 总检察长向议会报告犯罪状况。

……